O PEDIDO DE CONDENAÇÃO
À PRÁTICA DE ACTO ADMINISTRATIVO LEGALMENTE DEVIDO

DESAFIAR A MODERNIZAÇÃO ADMINISTRATIVA?

RITA CALÇADA PIRES
Jurista

O PEDIDO DE CONDENAÇÃO
À PRÁTICA DE ACTO ADMINISTRATIVO
LEGALMENTE DEVIDO

DESAFIAR A MODERNIZAÇÃO ADMINISTRATIVA?

REIMPRESSÃO

O PEDIDO DE CONDENAÇÃO À PRÁTICA DE ACTO ADMINISTRATIVO LEGALMENTE DEVIDO
DESAFIAR A MODERNIZAÇÃO ADMINISTRATIVA?

AUTORA
RITA CALÇADA PIRES

EDITOR
EDIÇÕES ALMEDINA, SA
Rua da Estrela, n.º 6
3000-161 Coimbra
Tel.: 239 851 904
Fax: 239 851 901
www.almedina.net
editora@almedina.net

PRÉ-IMPRESSÃO • IMPRESSÃO • ACABAMENTO
G.C. – GRÁFICA DE COIMBRA, LDA.
Palheira – Assafarge
3001-453 Coimbra
producao@graficadecoimbra.pt

Maio, 2006

DEPÓSITO LEGAL
206650/04

Os dados e as opiniões inseridos na presente publicação
são da exclusiva responsabilidade do(s) seu(s) autor(es).

Toda a reprodução desta obra, por fotocópia ou outro qualquer processo,
sem prévia autorização escrita do Editor,
é ilícita e passível de procedimento judicial contra o infractor.

Há duas maneiras de difundir a luz:
Ser a vela ou o espelho que a reflecte

EDITH WHARTON

PREFÁCIO À REIMPRESSÃO

Decorridos dois anos da publicação de "O Pedido de Condenação à Prática de Acto Administrativo Legalmente Devido. Desafiar a Modernização Administrativa?" (Fevereiro de 2004), é-me informado, pela Editora, haver interesse numa nova edição, em virtude de a primeira estar praticamente esgotada. O contentamento é grande e motivador. Sinto-me honrada por os leitores terem apostado um pouco do seu tempo naquilo que tentei que fosse uma base de apoio para o universo desconhecido do pedido de condenação na justiça administrativa portuguesa. Com a proposta da Almedina de nova edição, imediatamente iniciei a tarefa de recolha de material mais recente que me pudesse auxiliar na construção de uma nova edição, mais completa, mais pragmática e, sobretudo, reflectindo sobre os avanços feitos nestes dois anos de novo contencioso administrativo, bem como no seu significado para o edifício da justiça administrativa no nosso país. Porém, ainda que bastante material tenha recolhido, obrigações profissionais foram impedindo o processo de investigação, retirando o tempo necessário a um estudo sério e profundo dos elementos que me levariam a criar a segunda edição. Por não desejar defraudar as expectativas de quem investiga e de quem procura, na doutrina jurídica, a novidade e a materialidade, decidi não remodelar o texto já composto, nem acrescentar material novo para uma segunda edição, sem um substrato efectivamente coerente e incisivo.

E também, porque me encontro em processo de construção de uma tese de doutoramento, em domínios claramente diferentes do âmbito desta obra, como bolseira da Fundação para a Ciência e Tecnologia, o tempo urge na caminhada da investigação e na conclusão do projecto.

Por tudo isto adiei a feitura de uma segunda edição.

Todavia, porque quero continuar a contribuir para o avanço da doutrina e da prática jurídicas, decidi, ainda assim, pela reimpressão da obra. Não é a solução ideal, nem aquela que desejaria, mas é, certamente, aquela que se proporciona.

Assim, espero que esta reimpressão possa continuar a ser uma base de apoio para o conhecimento do pedido de condenação à prática de acto administrativo legalmente devido, auxiliando, da melhor maneira, quem a procura.

Bem hajam.

A Autora,

RITA PIRES

Lisboa, 21 de Março de 2006

PREFÁCIO

É com muito gosto que satisfazemos o pedido da licenciada Rita Pires para escrevermos algumas linhas prévias à sua primeira obra publicada.

A Licenciada Rita Pires é uma das melhores alunas que frequentam o 5.º Programa de Doutoramento e Mestrado da Faculdade de Direito da Universidade Nova de Lisboa. Revelou-se, logo no primeiro semestre do curso, uma jovem juspublicista talentosa, inteligente e com uma excelente capacidade de trabalho. Não é arriscado vaticinar-lhe um brilhante futuro, que os autores destas linhas muito gostariam de ver dedicado ao ensino e à investigação.

O trabalho publicado foi elaborado no âmbito da disciplina de Direito Administrativo, sob nossa co-regência, e associa uma boa qualidade científica, apoiada numa escrita clara, ao interesse que um novo meio processual sempre justificadamente desperta. Os seus leitores encontrar-lhe-ão, por certo, as mesmas qualidades que nós lhe encontrámos.

DIOGO FREITAS DO AMARAL

JOÃO CAUPERS

O desejo de abraçar o Direito como o caminho profissional de uma vida é sempre um momento marcante na existência de um aspirante a jurista, mais ainda quando a voz desse desejo ecoa aos outros através de um estudo publicado – o primeiro estudo publicado.

É um momento de satisfação, mas também de expectativa, porque foi conquistada uma etapa interior muito sonhada e porque é a primeira vez que se sobe realmente ao palco, deixando a plateia, e se espera pela reacção do público.

Ao estar perante aqueles que me avaliarão – os leitores estudiosos ou interessados no universo do Contencioso Administrativo – não posso deixar de me sentir, ainda assim, acompanhada, embora sem os responsabilizar, por todos aqueles que me auxiliaram nesta árdua tarefa da construção intelectual.

Se é certo que esta incursão no admirável mundo novo do Contencioso Administrativo é apenas uma jornada no meu percurso jurídico, não deixa de ser menos verdade que o apoio de vozes da sabedoria administrativa me acompanharam, oferecendo-me o conforto que os marinheiros de primeira navegação desejam. Bem hajam!

Mas não seria justa se não acarinhasse também aqueles que me apoiaram o espírito e a alma quando a solidão das leituras ecoava no meu interior. Para vós, também é este um sonho realizado.

A Autora

PLANO DO ESTUDO

CAPÍTULO I
DE QUE ESTAMOS A FALAR?
OS CONTORNOS INICIAIS DE UMA FIGURA INOVADORA E IMPORTANTE NO CONTENCIOSO ADMINISTRATIVO PORTUGUÊS APRESENTAÇÃO DA FIGURA

A. O que é a condenação para a prática de acto devido?

B. Porque se afirma a necessidade, a importância e a novidade da figura?

CAPÍTULO II
CONSTRUÇÃO DE UM QUADRO DOGMÁTICO PARA O PEDIDO DE CONDENAÇÃO À PRÁTICA DE ACTO DEVIDO

A. Génese da figura: a concepção ideológica, o nascimento constitucional e a afirmação legal

B. O retrato legal do pedido de condenação à prática de acto devido
   1. Forma do pedido da acção administrativa especial
   2. Objecto do processo
   3. Requisitos
   4. Intervenientes no processo. A legitimidade
   5. Prazos para accionar a acção
   6. Poderes da Administração na pendência do processo
   7. Poderes de pronúncia do juiz
   8. Efectividade da figura?

CAPÍTULO III
PROBLEMAS JURÍDICOS SUSCITADOS PELA CONDENAÇÃO À PRÁTICA DE ACTO DEVIDO: REFLEXÃO SOBRE O PRINCÍPIO DA SEPARAÇÃO DE PODERES APLICADO À FIGURA

A. Necessidade de reformulação do princípio da separação de poderes: a noção de interdependência de poderes na relação poder executivo/ /poder judicial; a concretização do Estado Social Democrático

B. Um novo tipo de Administração: Administração activa e cumpridora
   – A intervenção no plano interno administrativo

C. Um novo tipo de juiz administrativo: a (re)configuração dos poderes de controlo
   – A intervenção reformadora no plano externo das relações entre o poder judicial e o poder executivo/administrativo

PALAVRAS INICIAIS

Desde há muito que se erguiam vozes exigindo a reforma do contencioso administrativo, finalmente essas vozes foram atendidas e um novo Código de Processo nos Tribunais Administrativo entrou em vigor em 1 de Janeiro de 2004. Várias foram as inovações, as modificações e as precisões, de todas elas e na companhia de outras, a condenação da Administração à prática de acto legalmente devido surge num lugar de destaque. O facto de o tribunal passar a poder/dever condenar a Administração a praticar actos administrativos que são devidos, por força da lei, aos particulares apresenta uma revolução na típica organização do contencioso de mera anulação onde os limitados poderes do juiz administrativo de pouco serviam para garantir a salvaguarda dos direitos e interesses legalmente protegidos dos particulares que ficavam na quase total dependência de um corpo administrativo insuficiente, lascivo, numas vezes, e prepotente, noutras, que apresentava a burocracia e a falta de meios humanos, técnicos e financeiros como a causa de todos os seus comportamentos indevidos.

Numa sociedade onde a Administração Prestadora surge em igualdade de importância com a desde sempre existente Administração Agressiva não se compreendia que os cidadãos não pudessem reagir jurisdicionalmente contra entidades administrativas que recusavam ou omitiam a concretização dos seus direitos e interesses legalmente devidos.

No presente estudo, construído no âmbito da disciplina de Direito Administrativo do V Programa de Doutoramento e Mestrado da Faculdade de Direito da Universidade Nova de Lisboa, pretende-se apresentar a radiografia da condenação à prática de acto legalmente devido, desejando contribuir para a construção dogmática da figura ainda tão incipiente no nosso ordenamento jurídico.

No final do presente trabalho, auguramos que se consiga obter a resposta às seguintes questões:

- O que é a condenação à prática de acto legalmente devido?
- Porque se afirma as suas novidade e importância?
- Porque nasce?
- Como nasce?
- Como se apresenta?
- Como funciona?
- Qual a sua utilidade?
- Quais as questões dogmáticas ligadas ao princípio da separação de poderes que coloca?

Que assim aconteça.

RITA CALÇADA PIRES

CAPÍTULO I

DE QUE ESTAMOS A FALAR?
OS CONTORNOS INICIAIS DE UMA FIGURA INOVADORA E IMPORTANTE NO CONTENCIOSO ADMINISTRATIVO PORTUGUÊS
APRESENTAÇÃO DA FIGURA

A. O QUE É A CONDENAÇÃO PARA A PRÁTICA DE ACTO DEVIDO?

Longe vão os tempos em que a relação dos particulares com a Administração se baseava em escassos contactos e em que esta assumia um papel de intervenção reduzido ou, mais tarde, de forte activismo, embora sem a existência de efectivas garantias dos direitos dos particulares face a esse mesmo activismo. Actualmente, os cidadãos dependem cada vez mais da actuação dessa mesma Administração, mas têm a apoiá-los, diferentemente do que no passado acontecia, um acervo de direitos que lhes oferece uma posição jurídica crescentemente dominante e que igualmente alimenta o número e a qualidade dos deveres da entidade pública para com eles. Assim, se verificamos uma maior dependência dos particulares face à Administração, na concretização dos respectivos direitos, também é certo que o legislador e a consciência social circundaram essa crescente dependência da actuação da entidade pública, de fortes direitos que lhes permitem exigir cada vez mais desta última. Mas, se tal é verdade, se as actuações públicas são imprescindíveis para os administrados, também não deixa de o ser o facto de, muitas vezes, a efectivação dos direitos dos particulares ficarem, pelo menos, em suspenso, já que a Administração Pública apresenta constantemente ao público a sua face arrogante, ineficiente, ineficaz e ausente, através do seu silêncio ou através da sua recusa na satisfação dos direitos, ambos os comportamentos de modo claramente indevido já que contrariam frontalmente a lei. Parece que os comportamentos que deveriam ser símbolo de uma Administração Prestadora se revelam comportamentos símbolo de uma Administração de Ingerência ou de Limitação[1].

Face a toda esta situação de insuficiência de protecção jurídica dos particulares, em que o simples recurso de anulação não basta para satisfazer os ânimos decorrentes dos direitos dos cidadãos, como veremos adiante, urge pensar numa solução que obrigue a Administração a alterar os seus comportamentos, dando resposta efectiva à concretização dos direitos reconhecidos por lei aos seus administrados. É nesta contextualização que surge a necessidade da figura da condenação da Administração à prática de acto administrativo legalmente devido. É um instituto que oferece a protecção jurídica ao particular que tem um direito ou um interesse legalmente protegido à emissão de um acto administrativo, quando a Administração Pública presenteia esse particular com uma recusa expressa ou com o silêncio, comportamentos contrários à actuação pretendida pela lei.

---

[1] Utilizando as expressões importadas do direito alemão – *Leistungsverwaltung* e *Eingriffsverwaltung,* respectivamente –, como chama a atenção Santiago Gonzalez-Varas Ibañez na monografia *La jurisdiccion contencioso-adminstrativa en Alemania*, página 138. Traduzido directamente para o português, talvez *Eingriffsverwaltung* possa ser tomado por Administração Agressiva, como faz Maria da Glória Ferreira Pinto, *As garantias de defesa jurisdicional dos particulares contra actuações do poder executivo na Alemanha in* Documentação e Direito Comparado, n.os 27/28, página 440.

B. PORQUE SE AFIRMA A NECESSIDADE, A IMPORTÂNCIA E A NOVIDADE DA FIGURA?

Se considerarmos que, durante décadas, o único meio efectivo de luta contra a actuação da Administração foi o recurso contencioso de anulação, cedo se compreende que a adopção legal da figura de condenação à prática de acto legalmente devido surge como uma inovação garantística desde há muito necessária e ambicionada.

A transformação que houve ao nível das relações particulares-Administração revelou a necessidade de os tribunais poderem condenar a Administração a agir de determinada forma ou a realizar determinada tarefa. A artificial insindicabilidade do ente administrativo foi fruto de uma visão amedrontada do controlo judicial da actuação administrativa, talvez decorrente da interpretação histórica rígida que se fez da Lei francesa da Separação de 1790, onde claramente se afirmava, como demonstra GARCIA DE ENTERRÍA[2], que, porque já não há absolutismo, já não há necessidade de oferecer ao poder judicial vastos poderes de fiscalização e controlo, uma vez que estes já estão asse-

---

[2] Garcia Enterría, *La revolución francesa y la Adminstración contemporânea* citado por Tomás R. Fernández, *Juzgar a la Administración contribuye también a administrar mejor* in Civitas, Revista española de Derecho Administrativo n.º 76, página 513.

gurados pela independência originária do poder executivo. Porém, tal insindicabilidade talvez fosse aceitável se o corpo administrativo jamais cometesse erros e jamais se vergasse a outros interesses que não o interesse público e não omitisse a satisfação dos direito e interesses dos particulares consagrados na lei. A realidade revela, no entanto, outra imagem. Por muito boa fé que haja no desempenho da função administrativa, o passo para a arbitrariedade é imagem sempre presente e não escassas vezes assume configuração concreta. Assim, a necessidade do controlo judicial surge como algo imprescindível de modo a oferecer garantias aos particulares, para lá de desempenhar um importante papel como contributo para uma melhor administração, já que incentiva a uma reflexão cuidada na ponderação de interesses que a Administração tem de proceder no desempenho da sua actividade[3]. Se, face a esta função, apenas se permitisse a anulação ou declaração de nulidade ou de inexistência de actos administrativos, decerto que se comprometeria a sua efectividade, já que a prática revela que, após a anulação, a Administração permanece muitas das vezes à sombra da inércia, sem satisfazer os direitos dos cidadãos lesados. Ao permitir-se condenar a Administração Pública a emitir um acto administrativo devido, garante-se a efectividade dos direitos dos particulares, visto estabelecer-se expressamente que a entidade pública está obrigada a agir e qual o conteúdo dessa actuação. É esta a grande relevância das acções de condenação no contencioso administrativo português, em especial do pedido de condenação à prática de acto administrativo legalmente devido.

---

[3] Tomás R. Fernández, *loc cit*, página 526.

A novidade da figura apresenta-se igualmente. Não que não existissem, no ordenamento processual administrativo português, figuras com semelhanças à condenação (serão analisadas no capítulo seguinte ao abordar a génese da figura), todavia, em sede do contencioso dito clássico, essa era uma miragem longínqua de um desejo iminente de todos aqueles que se ligavam ao Direito Processual Administrativo. A tradição sempre foi o contencioso de anulação e nunca o contencioso de plena jurisdição e, no primeiro, quanto menores fossem os poderes de controlo melhor, daí a nítida negação da sequer possibilidade de acções de condenação, afirmada sob a capa do respeito do princípio da separação de poderes. Pela relevância da figura acima demonstrada, depreende-se que a novidade muito desejada era.

Auxilia a compreensão da importância deste novo instituto a afirmação de que este surge como claro reflexo material da Administração Prestadora. Depois de uma Administração Agressiva, reflexo de um Estado Liberal, a chegada do Estado Social traz o nascimento da Administração Prestadora, um tipo de administração, em teoria, interventivo, dócil e eficaz que salvaguarda as pretensões dos particulares, vivendo para elas. Um tipo de Administração como esta transforma o particular em verdadeiro sujeito de uma relação jurídica que passa a ser dinâmica, onde as exigências do cidadão são a causa e o porquê da actividade administrativa. GONZALEZ-VARAS IBAÑEZ[4] afirma mesmo a existência de um Direito Prestacional a que corresponderia um princípio de condenação da Admi-

---

[4] Santiago Gonzalez-Varas Ibañez, *ob cit*, páginas 138 a 153.

nistração, um princípio de prestação favorável e um princípio negatório (da limitação). Com uma tal construção torna-se evidente que o contencioso administrativo tem de proceder a uma remodelação da sua essência, pois, como afirma DEBBASCH[5], «um contencioso administrativo concebido para administrados defensores revela-se inadequado para proteger administrados demandantes».

Se tal situação era visível no início do Estado Social, mais premente se transforma quando constantemente se aponta a existência de uma crise do Estado-Providência. Face a essa denominada crise, assume especial relevância a acentuação dos aspectos garantísticos dos particulares que passa por, nomeadamente, como escreve VASCO PEREIRA DA SILVA, apelar à "crescente noção de direitos fundamentais, como forma de melhorar a tutela jurídica das situações individuais", bem como alterar o "modo de entender a posição do particular no processo administrativo como um verdadeiro sujeito processual e não como um funcionário da Administração" e ainda aperfeiçoar "os institutos do contencioso administrativo"[6]. Em todo este processo de reformulação, a densificação dos meios contenciosos assume extrema importância, já que é a partir destes que se permite o acesso dos particulares à justiça administrativa. Logo, a introdução no ordenamento português da condenação para a prática de acto devido surge como uma necessidade requerida pelas funções da Administração Prestadora e revela-se como uma das peças do *puzzle* na reconstrução de um contencioso administrativo centrado nos direitos dos particula-

---

[5] Citado por Vasco Pereira da Silva, *Para um contencioso administrativo dos particulares*, página 47.

[6] Vasco Pereira da Silva, *Para um contencioso...*, página 63.

res e não no acto administrativo. É uma tendência que se mostra próxima da alemã, uma vez que, e.g., ao contrário do ordenamento francês, não se alargou, com a reforma de 2002, o âmbito do recurso de anulação, antes se criaram várias modalidades de pedidos que satisfazem as diferentes pretensões dos particulares.

Sendo a condenação da Administração reflexo material da Administração Prestadora e sendo este tipo de Administração símbolo do Estado Social, compreende-se passar a sua concretização ainda pela acentuação do princípio da tutela judicial efectiva e, portanto, a figura da condenação é, também ela, uma forma de realização desse princípio e, assim, do Estado Social. Permitir que os cidadãos recorram aos tribunais administrativos sempre que vejam a sua posição jurídica afectada[7] surge como aspecto elementar de um

---

[7] Salienta-se aqui apenas uma das vertentes deste princípio. BARBOSA DE MELO distingue como consequências normativas do princípio da efectividade da tutela judicial, por um lado, a possibilidade de "recorrer aos tribunais agindo *pro domo sua* e não só a favor do interesse geral, tendo a certeza de que a decisão jurisdicional também fará caso julgado em relação aos seus direitos e interesses subjectivos", e por outro, a exigência de que a solução final se dê em prazo razoável. Aliado a estas duas últimas, surge a exigência de que a organização e o desenrolar do processo aconteçam de modo justo e equitativo, possibilitando desde logo que o particular tenha "o direito de argumentar e contra-argumentar, de carrear por si para o processo provas dos factos em disputa, isto é, em geral, [que disponha] das mesmas armas processuais de que dispõe a autoridade administrativa demandada". Aliado a estas três decorrências, que DIOGO FREITAS DO AMARAL e MÁRIO AROSO DE ALMEIDA agrupam no plano da tutela declarativa (*Grandes linhas da reforma do contencioso administrativo*, página 49), surge ainda a possibilidade de recorrer à tutela cautelar sempre que for necessário para assegurar os direitos e interesses envolvidos, tal como a certeza de que o sistema de execução judicial funcionará

Estado Social de Direito Democrático que implica uma multiplicidade de meios para aceder a esse patamar jurisdicional, onde apenas o recurso de anulação não chega, sendo essencial a condenação para a prática de acto devido.

Curioso é igualmente verificar que a adopção do princípio da tutela jurisdicional efectiva traz como consequência a necessidade de escolher entre um de três modelos possíveis de justiça administrativa – o modelo objectivo, o modelo subjectivo ou o modelo misto. Porém, não há lugar a um modelo puramente objectivo, atento esse modelo não oferecer garantias suficientes ao cidadão de que pode sempre recorrer, uma vez que é construído apenas sobre a base do acto administrativo e da sua reclamação judicial, deixando por proteger todas aquelas posições jurídicas que resultam de outras actividades administrativas que não incorporem um acto administrativo. Assim, a escolha tem naturalmente de versar sobre um modelo subjectivo ou um modelo misto, parecendo ter sido este último a escolha do legislador português. De facto, a condenação para a prática de acto devido surge como elemento subjectivo do sistema contencioso português, porém, não pode ser hipervalorizado, dado existirem outros meios de reacção a acompanhá-lo. O que significa realmente é um abraçar da via subjectiva e um verdadeiro símbolo de uma nova justiça administrativa que não recusa a protecção dos particulares

---

e terá a "plena consistência prática subsequente ao direito dito em sede e forma jurisdicional, nomeadamente quando as sentenças forem contrárias à posição da Administração". António Barbosa de Melo, *Parâmetros constitucionais da justiça administrativa*, in Reforma do Contencioso Administrativo, Trabalhos Preparatórios, O Debate Universitário, Volume I, páginas 303 e 304.

face à Administração, antes a enaltece e favorece, mas não esquece que a comunidade também encerra em si interesses que devem ser salvaguardados. Procura-se, pois, afirmar a necessidade de a justiça administrativa satisfazer dois interesses, muitas vezes apresentados como contrapostos: o interesse do particular e o interesse da comunidade, i.e., o interesse público. Qualquer um destes interesses assume um lugar de topo na hierarquia das preocupações do contencioso administrativo, não fazendo fé posições extremistas e totalmente desprendidas da realidade que ambicionam a prevalência indubitável de um deles. Um sistema de justiça administrativa equilibrado, eficiente e eficaz é aquele onde a conjugação dos interesses público e privado acontece[8].

Esta nova justiça administrativa, da qual faz parte integrante a condenação para a prática de acto devido, reflecte igualmente a mudança de paradigma que se deu no Direito Administrativo substantivo[9]. Aí, o acto administra-

---

[8] Neste sentido Luís Filipe Colaço Antunes, "A justiça administrativa deve servir dois senhores: naturalmente a tutela das posições jurídicas substantivas dos particulares, mas também a garantia de juridicidade do agir administrativo na prossecução do interesse público – que não é só um dever fundamental, mas também um direito fundamental da Administração, aliás, imprescritível e irrenunciável. Afastemos, portanto, visões popperianas do contencioso administrativo", *A reforma do contencioso administrativo: o último ano em Marienbad in* Reforma do Contencioso Administrativo, Trabalhos Preparatórios, O Debate Universitário, Volume I, página 231.

[9] Ao falar-se em mudança de paradigma do Direito Administrativo não se pretende afirmar a existência de uma substituição do acto administrativo pela relação jurídica administrativa, pretende-se sim revelar que o núcleo do Direito Administrativo é alargado de modo a revelar a relação

tivo deixa de ser o paradigma clássico para dar lugar à relação jurídica administrativa, uma vez que, como há pouco foi deixado transparecer, as relações jurídicas administrativas não são todas elas conformadas por actos administrativos, logo havia que reformular o núcleo da justiça administrativa, não só através da recusa do recurso contencioso de anulação como o único elemento do epicentro do sistema e da recusa da secundarização da acção para reconhecimento de direitos subjectivos e interesses legalmente protegidos, mas também através da ampliação dos meios de acesso à justiça administrativa que efectivamente permitissem a defesa da posição jurídica do particular. Ao adoptar as sentenças de condenação, em especial a condenação para a prática de acto legalmente devido, o legislador ofereceu a protecção desejada pelo particular e igualmente permitiu um impulso para uma nova Administração, pressionando-a, com poderes de controlo efectivos que fazem o efeito da espada sobre a cabeça de Dâmocles, como se pode retirar das palavras expressas na Exposição de Motivos ao apresentar-se o novo Código de Processo nos Tribunais Administrativos (CPTA): "[…] está contida, em muitos dos seus preceitos, uma assumida intenção pedagógica, que, se porventura injustificada noutro estádio evolutivo do nosso contencioso administrativo, se afigurou útil utilizar neste contexto específico".

---

jurídica administrativa que em si incorpora o acto administrativo. A importância do acto administrativo permanece como essencial e talvez se possa afirmar mesmo acrescida, face ao aumento assumido da sua prática, mas há que passar a realçar a maior amplitude do Direito Administrativo, visto as relações entre os particulares e a Administração irem muito mais além do acto administrativo e é disso que se trata de reconhecer.

CAPÍTULO II

CONSTRUÇÃO DE UM QUADRO DOGMÁTICO PARA O PEDIDO DE CONDENAÇÃO À PRÁTICA DE ACTO DEVIDO

A. GÉNESE DA FIGURA: A CONCEPÇÃO IDEOLÓGICA, O NASCIMENTO CONSTITUCIONAL E A AFIRMAÇÃO LEGAL

1. A concepção ideológica

Tendo sido o sistema do contencioso administrativo português construído com base no sistema francês, compreende-se a importância nuclear dada ao recurso de anulação. No Estado Liberal oitocentista, a actuação estatal através do exercício do poder administrativo era feita usualmente mediante actos administrativos marcadamente discricionários que caracterizavam essa Administração como uma Administração ablativa, bastando, para tal tipo de actuação, a anulação ou a declaração de nulidade ou de inexistência desses mesmos actos administrativos. Como já se referiu atrás, os tempos mudam e com os ventos da modernidade deu-se uma alteração na contextualização sociológica e funcional da actividade administrativa que se caracterizou pelo abandono do inicial tipo de actuação pública. A partir da segunda metade do século XX, a necessidade de actos favoráveis ou ampliativos tomou forma numa relação jurídica administrativa dominante que abraçou a consagração de direitos e interesses dinâmicos ou reivindicativos, onde a lesão correspondia à recusa expressa ou ao silêncio da Administração.

Com o nascimento da Administração Prestadora, as necessidades e as exigências dos cidadãos não se bastam com a actuação anulatória por parte do tribunal. Não só o recurso de anulação reduz o seu núcleo ao acto administrativo, esquecendo toda a construção real da relação jurídica administrativa, como "não permite, pois, uma tutela jurisdicional eficaz quando se trate do recurso de actos da administração prestadora. Dado que estes exigem actos e comportamentos subsequentes à decisão, o tribunal deveria poder indicar nessa sentença em que consiste a correcta execução da mesma, extraindo todas as consequências da sua decisão"[10]. O facto de o tribunal poder anular ou declarar nulo ou inexistente um acto apenas neutraliza a lesão, considerando que, para a integral satisfação da pretensão do particular demandante, é necessária a prática de determinado acto administrativo com conteúdo favorável. Logo, o recurso de anulação apenas coloca o particular na mesma posição em que estava ao dirigir-se à Administração, requerendo a prática do acto necessário para a satisfação do seu direito ou interesse. E não surge, como argumento favorecedor da figura clássica do contencioso administrativo, a afirmação de doutrina e jurisprudência[11] no sentido de a Administração dever retirar da sentença de anulação ou de declaração de nulidade as ilações para a sua futura actuação. "É obvio

---

[10] João Tiago da Silveira, *O deferimento tácito: esboço do regime jurídico do acto tácito positivo na sequência de pedido do particular*, página 185 (não publicado).

[11] João Pacheco de Amorim, *A substituição judicial da administração na prática de actos devidos*, in Reforma do Contencioso Administrativo, Trabalhos Preparatórios, O Debate Universitário, Volume I, página 379.

que a sentença acarreta, pelo menos de forma implícita, um juízo de censura em relação à entidade administrativa competente, pelo que esta não será o sujeito mais idóneo para tirar as devidas conclusões"[12] e, mesmo que o faça, "é especialmente oneroso para o particular, pois acaba por ter de confiar em quem praticou o acto inválido para adoptar um acto que se conforme com as razões que motivaram a decisão jurisdicional"[13], além de que a prática demonstra que nestas situações a inércia ou o esquivamento por parte do ente público são a realidade.

Mesmo com o regime da execução das sentenças, a garantia de que este funciona bem não são muitas (importante papel assume, com esta reforma de 2002, a sanção pecuniária compulsória), além do que adiar para um posterior momento a efectivação do direito do particular assume-se como uma perda de tempo, tantas vezes precioso, na defesa dos direitos e interesses dos cidadãos.

Com a demonstração que a realidade social da relação entre particulares e Administração assenta em parâmetros dinâmicos e exigentes para aos quais o contencioso de anulação não está preparado, foi-se construindo na doutrina a ideia de que outros teriam de ser os meios de garantia dos cidadãos[14]. Cresceu a ideia de que não faz sentido negar, em sede declarativa, a condenação da Administração, nomeadamente à prática de acto devido, recusando a permanência de um sistema inadaptado à realidade que assentava

---

[12] João Tiago da Silveira, *ob cit*, página 183.
[13] João Tiago da Silveira, *ob cit,* página 184.
[14] Exemplo relevante constitui a discussão suscitada por Diogo Freitas do Amaral na sua tese de doutoramento, *A execução das sentenças dos tribunais administrativos*, páginas 285 e seguintes.

em degraus de protecção lentos e limitados que em nada protegiam as pretensões privadas. A consciencialização das limitações intrínsecas do recurso de anulação, através da insuficiência prática da figura, abriram portas à dogmatização da condenação para prática de acto legalmente devido, com base nos resultados proveitosos que o instituto, acompanhado de outros, naturalmente, oferecia nas experiências estrangeiras.

Paradigmática é a *Verpflichtungsklage*[15] alemã, tomada como a "mãe biológica" do nosso pedido de condenação para a prática de acto legalmente devido.

Esta acção do contencioso administrativo alemão[16] pode efectivamente tomar-se como a semente da figura em estudo neste trabalho. Todavia, convém desde já esclarecer que a dogmatização da figura pelo legislador português tornou-a numa outra parente, ainda que próxima.

A *Verpflichtungsklage* surge na Alemanha como uma figura prioritária, é certo, da protecção dos particulares, porém, basta folhear um qualquer manual ou lições de Contencioso Administrativo[17], e até a própria Lei do Processo Administrativo (nomeadamente §68(2) e §74(2) *Verwal-*

---

[15] Traduzida por Vasco Pereira da Silva como acção de cumprimento de um dever, *Para um contencioso...*, página 51, e como acção de obrigação por António Barbosa de Melo, *loc cit,* página 306.

[16] «Estabelecida inicialmente em regulamentos emanados dos poderes militares de ocupação britânico e americano, a acção de obrigação lembra o "prerogative remedy" *mandamus,* da tradição anglo-americana», como afirma António Barbosa de Melo, *loc cit,* página 306.

[17] A título de exemplo, Wolf-Rüdiger Schenke, *Verwaltungsprozeârecht,* essencialmente § 6 I, II, III, IV números laterais 256 a 305 (páginas 79 a 94).

tungsgerichtsordnung: VwGO), para se compreender que toda a sua teorização está dependente da acção de anulação (*Anfechtungsklage*), e que a sua utilização apenas se dá, na maioria dos casos, quando o particular já não tem possibilidade de se defender através da acção de anulação[18]. Ora, embora no sistema alemão se possa compreender a opção, visto haver uma tradição de cumprimento por parte da Administração, sendo os direitos e interesses dos particulares normalmente observados, a verdade é que não só em Portugal essa tradição de cumprimento e respeito não existe, como a construção legislativa, como mais tarde se verá, foi feita com base na nítida distinção de funções entre a anulação, declaração de nulidade ou de inexistência de actos administrativos e a condenação da Administração à prática de actos legalmente devidos.

Apesar deste reparo, a essência permanece a mesma, porquanto, com este tipo de acção (pedido no caso português), se pretende condenar a Administração a praticar determinado acto que é legalmente devido. Surge então como resposta a uma recusa expressa, por parte da Administração, a praticar o acto (na Alemanha, a doutrina apelida esta sub acção da *Verpflichtungsklage* como *Vornahmeklage* ou *Versagunsgegenklage*) ou quando a Administração responde ao requerimento do particular com o silêncio (a *Untätigkeitklage*) ou ainda quando a entidade pública se recusa a analisar o requerimento do particular (*Bescheidungsklage*)[19].

---

[18] Atender, no entanto, que este é um ponto em que alguma doutrina insiste em negar, como deixa transparecer Maria da Glória Ferreira Pinto, *loc cit*, página 441, nota de rodapé (116).

[19] Wolf-Rüdiger Schenke, *ob cit*, § II, números laterais 263 a 266 (páginas 80 e 81).

Apesar de serem três faces de uma mesma realidade, a sua distinção é necessária para identificação dos prazos de propositura da acção, que são diferentes, tal como pelos requisitos prévios necessários, já que, ao tratar-se de uma recusa expressa, a lei exige que o particular se dirija antes à Administração (*Vorverfahren*), porventura numa espécie de recurso hierárquico necessário (VwGO §68 a §80 b). Mas para ambas é necessário que a questão tenha a maturidade exigida para efeitos de ser analisada pelo tribunal (*Spruchreif*), derivando essa maturidade do facto de "o assunto julgado, estar ou não, apto, susceptível, de ser julgado num sentido concreto"[20].

A *Verpflichtungsklage* surge como decorrência material do §19.IV da Lei fundamental alemã (*Grundgesetz*) que prevê a essencialidade da tutela judicial através da sua universalidade e efectividade, dando origem aos três tipos de acções do contencioso administrativo alemão: as acções constitutivas (*Anfechtungsklage*), declarativas (*Festellungsklage*) e prestacionais (*Leistungsklage,* como genérica, e a *Verpflichtungsklage,* como específica). Ao qualificar-se a *Verpflichtungsklage* como uma acção prestacional, depreende-se que esta "diz respeito aos actos de favor, isto é, aos actos que se traduzem em benefícios ou vantagens para a esfera jurídica dos particulares (*begünstigende Verwaltungsakte*), integrando-se em especial no âmbito da Administração prestadora de serviços (*Leistungsverwaltung*)"[21].

Neste tipo de acção, o objecto é a pretensão do particular, ou seja, a condenação da Administração à prática de

---

[20] João Tiago da Silveira, *ob cit*, página 52.
[21] Maria da Glória Ferreira Pinto, *loc cit*, página 440.

acto administrativo devido, tendo como elemento gerador a recusa ou o silêncio por parte da Administração, sendo que, no primeiro caso, há a necessidade de prévio procedimento administrativo reivindicativo do direito, como já mencionado. A legitimidade para propor a acção é mais restrita do que a exigida na acção de anulação. Aqui, apesar de se exigir igualmente a titularidade de um direito público subjectivo (*subjektiv-öffentliches Recht*), apenas aquele que tiver sido lesado num verdadeiro direito subjectivo é que poderá recorrer a esta figura contenciosa para se proteger[22]. São excluidos, portanto, os detentores de interesses legalmente protegidos, ao contrário do que, como veremos, aconteceu em Portugal. Em termos práticos, os poderes do juiz estão limitados à actuação vinculada, não se permitindo invasões ao âmbito discricionário da função administrativa, dado, em tais casos, apenas se admitir a possibilidade de o juiz exigir da Administração uma resposta favorável ao particular, não se determinando qual o modo de tal execução. Curioso é verificar que, em termos de seguimento executório da sentença de condenação à prática de acto administrativo, poucos são os poderes do juiz. Tal verificação não é de estranhar porque a Administração alemã, como já se escreveu, tem a tradição de ser obediente e respeitar as condenações jurisdicionais, acatando-as. Assim, apenas se consagrou, no sistema alemão de execução de sentenças, a possibilidade, nomeadamente, de nova intimação ou a multa coerciva mas com valor limitado. Ventos que se esperam chegar a Portugal depois de uma reformulação da mentalidade da Administração Pública portuguesa.

---

[22] Maria da Glória Ferreira Pinto, *loc cit*, página 441.

Este tipo de poder de injunção revelou-se proveitoso e o reflexo de tal verificação foi a inspiração da figura para a criação de outros institutos de direito estrangeiro. É o caso do poder de injunção francês que, embora com carácter limitado, nasceu num sistema contencioso onde o recurso de anulação permanece como o centro da justiça administrativa. Em França, as injunções surgem como elementos subsidiários e concomitantes da sentença judicial que se procura executar, sendo precisamente circunscritos, como afirma CHRISTINE MAUGÜÉ[23], por um lado, aos tribunais de recurso e ao Conselho de Estado e, por outro, às situações em que a sentença "implica necessariamente uma medida de execução num sentido determinado e em que a Administração está apenas obrigada a estatuir de novo sobre o destino do beneficiário do julgamento, depois de uma nova instrução. No primeiro caso, o juiz está autorizado a determinar à autoridade competente que tome uma medida definida; no segundo deverá contentar-se em intimar que ela está obrigada a reexaminar o dossier do requerente num prazo determinado"[24]. Mas a este poder de injunção limitado une-se um mecanismo persuasivo importante, a que também o legislador português deu guarida no novo CPTA, as *astreintes*, apelidadas no nosso país de sanções pecuniárias compulsórias. Através deste mecanismo, consegue-se, com maior probabilidade, que a Administração cumpra as sentenças administrativas.

---

[23] Christine Maugüé, *La portée dês nouveaux pouvoirs d'injonction du juge administratif*, RFD administratif 14 (6) nov.-déc. 1998, páginas 1168 e seguintes.

[24] Christine Maugüé, *loc cit*, página 1169, tradução nossa.

Porém, como FREITAS DO AMARAL aponta, as *astreintes* revelaram-se insuficientes por duas ordens de motivos: não só porque "o Conselho de Estado tem revelado reticiência em relação ao instituto, evitando por vezes a sua aplicação e tendendo a cominar sanções de montante relativamente reduzido", mas também porque não caem sobre o património dos titulares do órgão administrativo incumpridor, o que permite a continuidade do incumprimento a cargo única e exclusivamente do erário público[25] (opção corrigida também pelo legislador português, como se verá mais adiante).

Outros tipos de injunções encontramos no direito inglês com as *prerogative remedies*, especificamente com a *prohibition* e o *mandamus*, sendo o primeiro uma proibição de actuação para a Administração, por ser ilegal, e o segundo uma obrigação de cumprimento de determinado dever[26]; no direito brasileiro, através do *mandado de segurança,* como subsidiário do *habeas corpus,* e através do *mandado de injunção,* ainda que respeitante ao poder legislativo faltoso; e no direito japonês, onde se fala mesmo de uma acção semelhante à *Verpflichtungsklage* alemã que, não obstante não inserida num modelo de justiça administrativa paralelo ao alemão, apresenta a peculiaridade de o controlo jurisdicional produzir-se antes de o órgão administrativo competente se pronunciar sobre a pretensão do particular. Apesar de a doutrina japonesa, na sua maioria, tal como a jurisprudência dos tribunais nipónicos, procurar recusar a praticabilidade da figura, esta mantém-se no

---

[25] Diogo Freitas do Amaral, *ob cit*, página 295.
[26] Mencionadas por Diogo Freitas do Amaral, *ob cit*, página 286.

activo legal e surge como hipótese para a defesa mais eficaz dos direitos dos particulares[27].

Também a adaptação da *Verpflichtungsklage,* através da sua subacção *Untätigkeitklage,* aconteceu em Espanha, onde se criou o recurso contra a inactividade da Administração, visando obter uma pretensão material devida ou a adopção de um acto expresso.[28]

Poder subsequente ao poder de injunção é o poder de substituição. Tanto pode ser conjugado com o primeiro como isolado. Já se viu que, na Alemanha, não havendo necessidade de um sistema coercivo de execução de sentenças, bastando a execução voluntária, a *Verpflichtungsklage* é suficiente para assegurar os direitos dos particulares; em Itália, a opção foi, em sede de execução de sentenças, atribuir amplos poderes de substituição ao juiz, se a Administração se demonstrar como incumpridora da sentença ditada na fase declarativa. A possibilidade de o tribunal se substituir à Administração pode abranger "aspectos de mérito e a possibilidade de adopção dos actos que a Administração deveria ter praticado"[29], recorrendo à figura do *Comissario*

---

[27] Takenori Murakami, *La justicia Administrativa en Japon* in La Justicia Administrativa en el Derecho Comparado, especialmente, páginas 605 e 607.

[28] Como se observa em Marcos Gómez Puente, *La inactividad de la Administración,* e Marta Garcia Pérez, La *ley de la jurisdicción contencioso-administrativa de 1998 in* Reforma do Contencioso Administrativo, Trabalhos Preparatórios, O Debate Universitário, Volume I, páginas 189 e seguintes.

[29] Carlos Alberto Fernandes Cadilha, referindo Vincenzo Caianiello, *A reforma do contencioso administrativo: debate público (III),* in Cadernos de Justiça Administrativa 23, página 7.

ad acta quando se revele que a Administração não possa mesmo cumprir. Esta figura a que o juiz recorre é encarada por vária doutrina italiana como alguém que oferece continuidade ao trabalho do juiz.

No novo CPTA, ver-se-á que o legislador optou pela conjugação de ambos os poderes de intervenção por parte do juiz. Ao pedido de condenação para a prática de acto devido na fase declarativa pode, em caso de incumprimento por parte da Administração da injunção judicial, adicionar--se, em fase executiva, o mecanismo de execução para a prestação de factos ou de coisas.

O certo é que, face à inoperatividade do sistema de contencioso administrativo clássico, a doutrina foi apelando à necessidade de alteração do direito processual administrativo, discutindo as diferentes opções construídas em sistemas estrangeiros que apresentavam mais ou menos sucesso na luta pela garantia dos direitos e interesses dos particulares.

2. O nascimento constitucional

Se a prestação insuficiente do recurso de anulação fez nascer na consciência dos estudiosos do contencioso administrativo a ideia de que a figura da condenação da Administração à prática de acto devido seria uma boa solução para ajudar a renovar, em conjugação com tantas outras medidas, o modelo de justiça administrativa português, tais vozes foram ecoando pelos caminhos certos e chegaram aos ouvidos do legislador constituinte, preocupado, desde há muito, com a efectividade da defesa dos particulares face ao ente público.

Se é certo que a concepção ideológica apelaria imediatamente à concretização legal da figura, também o é que, antes desse passo dado por parte do legislador ordinário, teria de existir uma conformação da Lei Fundamental. Esta necessidade adviria da verificação de que o Direito Constitucional e o Direito Processual Administrativo são "irmãos siameses", como afirma VASCO PEREIRA DA SILVA parafraseando OULD BOUBOUTT[30]: «Existe, em primeiro lugar, uma relação de "dependência constitucional" do Contencioso Administrativo, ao ponto de se poder afirmar, de acordo com a já clássica formulação de Fritz Werner, que ele é "Direito Constitucional concretizado". E isto porque as opções da lei fundamental se espelham no modo como a Administração Pública deve estar organizada, deve funcionar e como deve ser controlada jurisdicionalmente.»[31] «Mas se há uma dependência constitucional do Direito Administrativo, a afirmação inversa é igualmente verdadeira: existe também uma "dependência administrativa" do Direito Constitucional. E isto é manifestamente evidente no contencioso administrativo, enquanto domínio privilegiado de realização dos direitos fundamentais.»[32] Com esta relação de interdependência é fácil compreender que, acompanhando a paulatina evolução das revisões constitucionais, inicialmente, apenas se tenham dado passos legislativos no

---

[30] Vasco Pereira da Silva, *O contencioso administrativo como "Direito Constitucional concretizado" ou "ainda por concretizar"?*, página 5.

[31] Vasco Pereira da Silva, *O contencioso Administrativo...*, página 6.

[32] Vasco Pereira da Silva, *O contencioso administrativo...*, página 7.

sentido de alterações tópicas e limitadas[33]. Todavia, a revisão constitucional de 1989 iniciou uma viragem que foi completada pela revisão de 1997 onde se observa «uma espécie de "revolução copérnicana" no modo como se encontra formulada a garantia constitucional de acesso à justiça administrativa, uma vez que agora passam a ser os diferentes meios processuais que "giram" à volta do princípio da tutela plena e efectiva dos direitos dos particulares, e não o contrário»[34]. Verifica-se que, com esta revisão constitucional, passa-se, de uma abordagem tópica e limitada, caracterizada por uma acção formalista, a uma abordagem global, de intervenção cirúrgica nevrálgica que procura a reorganização material das funções, instrumentos e resultados da justiça administrativa[35]

A expressão desta "revolução copérnicana"[36] corporizou-se no artigo 268.º, n.º 4 da Constituição, actuando como desenvolvimento específico dos artigos 20.º e 202.º. O seu conteúdo <u>deixou de ser</u>:

---

[33] Como vem expresso no Relatório e parecer da Comissão de Assuntos Constitucionais, Direitos, Liberdades e Garantias, Diário da Assembleia da República, II Série-A, N.º 12, página 188: "medidas de alcance limitado, que, aperfeiçoando embora o sistema, não alteraram as suas traves-mestras".

[34] Vasco Pereira da Silva, *O contencioso administrativo...*, página 44.

[35] «Não se trata, aqui, de uma simples questão de "arrumação" das matérias reguladas, numa perspectiva meramente formal, antes de uma alteração material do entendimento do direito fundamental de acesso à justiça administrativa.» Vasco Pereira da Silva, *O contencioso administrativo...*, página 44.

[36] Expressão de Vasco Pereira da Silva, *O contencioso administrativo...*, página 44.

«Artigo 268.º (Direitos e garantias dos administrados)
[...]

4. É garantido aos interessados recurso contencioso com fundamento em ilegalidade, contra quaisquer actos administrativos, independentemente da sua forma, que lesem os seus direitos ou interesses legalmente protegidos.

5. É igualmente sempre garantido aos administrados o acesso à justiça administrativa para a tutela dos seus direitos ou interesses legalmente protegidos.»

para passar a ser:

«Artigo 268.º (Direitos e garantias dos administrados)
[...]

4. É garantido aos administrados tutela judicial efectiva dos seus direitos ou interesses legalmente protegidos, incluindo, nomeadamente, o reconhecimento desses direitos ou interesses, a impugnação de quaisquer actos administrativos que os lesem, independentemente da sua forma, a **determinação da prática de actos administrativos legalmente devidos**[37] e a adopção de medidas cautelares adequadas.»

Da alteração resulta claramente uma transformação nos parâmetros exigidos para a justiça administrativa. O ante-

---

[37] Sublinhado nosso.

rior n.º 5 deixou de fazer sentido enquanto elemento isolado e foi agregado no n.º 4 como princípio condutor do contencioso administrativo, tendo sido inclusivamente explicitado qual o seu conteúdo, apresentando-se a condenação para a prática de acto administrativo[38] como um elemento essencial, deixando o recurso contencioso de ocupar o lugar cimeiro na organização da justiça administrativa, até na própria enumeração feita no artigo.

A relevância desta alteração fundamenta-se no facto de ela constituir a realização do princípio do Estado Social de Direito. Como corolário que é deste princípio, a tutela judicial efectiva apresentava-se como requisito fundamental para a justiça administrativa que em pouco, ou nada, lhe prestava, então, vassalagem.

Apesar de esta transformação constitucional operar uma mudança substancial do contencioso administrativo, ela não esquece a vertente do interesse público/legalidade, mas o certo é que uma segunda vertente – a tutela judicial efectiva – necessitava de uma reformulação plena para que se pudesse realmente estabelecer uma justiça administrativa, reflexo do princípio do Estado de Social de Direito, já que, desde o seu nascimento constitucional, em 1976, esteve sempre em *deficit*. E porque o princípio da tutela

---

[38] Apela-se já à noção de *condenação* para a prática de acto administrativo legalmente devido, pois foi esta a opção feita pelo legislador ordinário no novo CPTA. Isto apesar de a Constituição não apresentar tal vocábulo, por ter a Comissão Eventual de Revisão da Constituição entendido que deveria ser do legislador ordinário a escolha entre pronúncia declarativa ou pronúncia condenatória, como nos informa António Barbosa de Melo, *loc cit*, página 307.

jurisdicional efectiva supõe que o juiz avance, na sua decisão, ao âmago da questão, já que a satisfação da pretensão do particular assim o requer[39], a condenação da Administração à prática de acto administrativo legalmente devido assume especial relevância na concretização dos poderes do juiz, visto, através deles, a garantia da protecção dos particulares ser muito mais intensa e, claro está, muito mais efectiva.

Como é apontado por doutrina[40], bastaria a consagração expressa no texto constitucional da figura de condenação à prática de acto administrativo devido para que se pudesse a ela recorrer como meio de protecção, dado essa possibilidade apresentar natureza análoga à de direitos, liberdades e garantias, o que ofereceria passaporte de uso imediato através dos actuais meios jurisdicionais administrativos, nos termos do artigo 18.º da Constituição. Todavia, apesar de as normas constitucionais quanto ao acesso à justiça terem aplicabilidade imediata, tal não pode nem deve, dispensar o legislador ordinário de cumprir com a sua função de concretizador dos comandos constitucionais, mais ainda, quando crescentemente a realização de direitos dos particulares depende da concretização do modelo de justiça administrativa existente na Constituição[41], porquanto a complexidade do sistema de justiça administrativa justifica

---

[39] João Tiago da Silveira, *ob cit*, página 187.
[40] Designadamente, João Caupers, *Direito Administrativo*, página 158; Vasco Pereira da Silva, *O contencioso administrativo...*, página 45; João Tiago da Silveira, *ob cit*, página 186, nota de rodapé 267.
[41] Vasco Pereira da Silva, *O contencioso administrativo...*, página 46.

a crescente consagração legislativa ordinária dos institutos necessários e imprescindíveis na construção do contencioso administrativo realmente protector dos direitos e interesses legalmente protegidos dos particulares.

Vejamos então quais foram os passos dados pelo legislador ordinário para a consagração legislativa da condenação à prática de acto legalmente devido.

3. A afirmação legal

Apesar de a condenação da Administração à prática de acto administrativo legalmente devido ser um instituto recém-chegado ao contencioso administrativo português, nos moldes como é agora apresentado e com o alcance que lhe é oferecido, poder-se-á descobrir que, ao longo da evolução do sistema de justiça administrativa, o legislador foi introduzindo sementes que, em alguns aspectos, se aproximam deste novo instituto, com a consequência de as tomarmos como suas sementes geradoras, institutos onde se condensam intenções que só viriam efectivamente à luz com a criação da reforma de 2002.

A primeira dessas sementes encontramos, já num passado longínquo, na figura do <u>poder de declaração judicial dos actos devidos</u>, importado de França para Portugal nos anos 30 pelo Supremo Tribunal Administrativo. Este poder de declaração judicial dos actos devidos nasce em França, em 1918, como nos informa FREITAS DO AMARAL[42], com o

---

[42] Diogo Freitas do Amaral, *ob cit*, páginas 227 a 232.

intuito de minorar as lesões provocadas pelas constantes inexecuções por parte da Administração. O poder consistia na "declaração das consequências da anulação, que é como quem diz, um poder de declaração do conteúdo da execução da sentença anulatória."[43] Surge como bússola que indica quais as consequências a retirar da anulação e daí quais os actos que a Administração deverá praticar de modo a respeitar a decisão do Conselho de Estado. Posto que as "sentenças que traduzem o exercício deste poder, como esclarece a doutrina, apresent[avam] assim muitas vezes uma extensão inusitada e inclu[íssem] um verdadeiro «programa de providências a tomar» para estabelecer a legalidade",[...] "não se vai ao ponto de extrair as consequências da anulação, praticando os actos em que a execução deve consistir, mas tão-somente ao de declarar quais são essas consequências e, portanto, quais hão-de ser os actos que à Administração compete praticar."[44]

Verificando-se, quiçá, neste instituto a potencialidade para as garantias dos particulares, já que a Administração estaria dessa maneira esclarecida quanto ao *quê* e ao *modo* de actuar, e porque o seu constrangimento seria muito maior, pois à negação seguir-se-ia, naturalmente, a anulação do(s) seu(s) novo(s) acto(s) desconformes[45], o Supremo Tribunal Administrativo, ainda que de forma temporária, adoptou o poder de declaração judicial dos actos devidos, visível em muitos arestos da década de 30[46].

---

[43] Diogo Freitas do Amaral, *ob cit*, página 227.
[44] Diogo Freitas do Amaral, *ob cit*, página 228.
[45] Presente tal argumentação em Diogo Freitas do Amaral, *ob cit*, páginas 230 e 231.
[46] Diogo Freitas do Amaral, *ob cit*, páginas 229 e 230.

Mas, se tal criação jurisprudencial se apresentou como "sol de pouca dura", em 1977, com o decreto-lei n.º 256-A, de 17 de Junho, o legislador adoptou a figura do poder de declaração judicial dos actos devidos no processo de averiguação da existência de causas legítimas de inexecução. Foi este o segundo passo, então dado pelo legislador, em direcção ao que hoje está consagrado no novo CPTA. O Decreto-lei n.º 256-A/77, a propósito do regime de execução de sentença, oferece ao tribunal o poder de indicar os actos ou operações que a Administração deverá praticar, caso esta não tenha cumprido o decidido em processo declarativo. Tal poderia revelar-se como a solução ideal para a concretização da execução de sentenças. Porém, apesar de ser elemento garantístico para os particulares, é ainda insuficiente, já que a execução efectiva das sentenças permanece dependente da boa vontade por parte da Administração no seu acatamento. Com efeito, o regime só era aplicado se decorridos 30 dias após a sentença, esta não tivesse sido executada e se o particular exigisse do ente público o respectivo cumprimento, sendo ainda necessário terem passado 60 dias sobre esse pedido do particular. Por esta verificação apercebemo-nos que o instituto em questão não chega para alterar o comportamento da Administração e para salvaguardar os direitos e interesses legalmente protegidos dos cidadãos. Mais ainda, porque surge como elemento pós-processo declarativo, o que continua a adiar a efectividade da decisão judicial para tempos desconhecidos, talvez próximos das "calendas gregas" da história mitológica.

Um terceiro momento de evolução legislativa em direcção à condenação à prática de acto legalmente devido encontra-se na Lei de Processo dos Tribunais Administrativos (LPTA), em sede de meios processuais acessórios. A intimação para um comportamento, prevista no artigo 86.º desse diploma, surgiu como forma de obstar à violação de normas de direito administrativo ou ao fundado receio dessa violação como resulta do respectivo n.º 1. Os poderes de pronúncia assentavam na "determinação [concreta d]o comportamento a impor na intimação e, sendo caso disso, o prazo para o respectivo cumprimento e o responsável por este." (artigo 88.º, n.º 1)

A chegada do novo instituto do contencioso administrativo português deu-se, ainda que de forma mitigada, porque especialmente aplicável ao Direito do Urbanismo, com o Decreto-lei n.º 555/99, de 16 de Dezembro, relativo aos regimes jurídicos do licenciamento municipal de loteamentos urbanos, obras de urbanização e obras particulares. Neste diploma, observa-se a introdução experimental da condenação à prática de acto legalmente devido através da intimação judicial para a prática de acto legalmente devido.

A intimação judicial surge no artigo 112.º do respectivo diploma, apresentando-se como tábua de salvação dos particulares face a uma Administração silenciosa, não sendo por acaso que está inserido no capítulo IV, intitulado Garantias dos particulares. Nas palavras iniciais de apresentação do diploma, o legislador deixou claramente explicitado que, "na sequência da revisão do artigo 268.º da CRP propõe-se a substituição da intimação judicial para a emissão do alvará [consagrada anteriormente no Decreto-lei n.º 267/85, de 16 de Julho] pela intimação judicial para a prática de acto legalmente devido como instrumento privilegiado de protecção jurisdicional." Consciencializou-se o legislador ordinário que um contencioso de mera anulação não era suficiente, especialmente, no plano do direito do urbanismo.

Como funciona então esta figura? A primeira observação a ser feita é que o legislador a consagrou como remédio milagroso, é certo, mas com receio de avançar para a plenitude da sua actuação. Da análise dos artigos 111.º, 112.º e 113.º verificamos ter havido a criação de uma relação de dependência entre o silêncio da Administração, a intimação judicial para a prática de acto legalmente devido e o deferimento tácito. Face ao silêncio da Administração, há que distinguir se se está perante um procedimento de licenciamento ou perante um procedimento de autorização. Apenas no primeiro caso se pode recorrer à intimação judicial, sendo que, no segundo, funciona a figura do deferimento tácito.

Na intimação judicial para prática de acto legalmente devido, o tribunal unicamente fixa um prazo, "não superior a 31 dias, para que a autoridade requerida pratique o acto devido", sendo que, uma vez "decorrido o prazo fixado pelo tribunal sem que se mostre praticado o acto devido, o interessado pode prevalecer-se do disposto no artigo 113.º (deferimento tácito) (...)" (artigo 112.º, n.os 6 e 9, respectivamente).[47] Os poderes do juiz são assim de escassa ampli-

---

[47] É de atender que a Lei n.º 5/2002, de 22 de Fevereiro – a lei que aprova o Código de Processo nos Tribunais Administrativos – procedeu à alteração do regime do artigo 112.º, designadamente, alterando a redacção e o conteúdo dos n.os 6 e 7 e revogando os n.os 8, 9 e 10 do mesmo artigo. Apesar da adaptação feita em atenção à nova sistemática do Contencioso Administrativo Português, para efeitos de evolução legal, todas as considerações já proferidas, tal como as que se seguirão, acerca da figura prevista no Decreto-Lei n.º 555/99, de 16 de Dezembro, mantêm a sua força histórico-evolutiva em relação ao Pedido de Condenação à Prática de Acto Legalmente Devido.

tude face ao que supostamente foi pretendido pelo legislador constitucional, visto aquele apenas poder fixar uma data para emissão do acto, não podendo sequer indicar qual a orientação a ser tida em conta pelo ente público.

A problemática não fica deste modo e desde logo resolvida. Caso a Administração nada faça perante a intimação judicial, apesar de ser accionado o deferimento tácito, para que a pretensão do particular possa ser atendida, há que proceder ao prévio pagamento das taxas que sejam exigidas pelo diploma (artigo 113.º, n.º 2). Curioso é que só depois de a Administração ou se recusar a liquidar a taxa ou não fornecer o número e a instituição bancária na qual tem conta, para que o particular possa depositar o montante, é que o cidadão pode recorrer novamente ao tribunal para que este uma vez mais intime a autarquia a emitir o alvará de licença (artigo 113.º, n.º 5). Só se esta continuar sem nada fazer é que "a certidão da sentença transitada em julgado que haja intimado à emissão do alvará de licença ou autorização de utilização substitui, para todos os efeitos legais, o alvará não emitido" (artigo 113.º, n.º 7). Com esta imagem verifica-se que, à semelhança do regime de execução de sentenças de 1977, a solução para o particular só chega efectivamente com uma espécie de "processo executivo", dado não existir outros mecanismos, como a sanção pecuniária compulsória (que, como veremos, foi consagrada no novo CPTA, mesmo em fase declarativa), que pressione a Administração a cumprir a intimação, dando dessa forma guarida aos direitos dos particulares. Apesar de tudo o anteriormente mencionado, a verdade é que a concretização desta figura apresenta-se como um importante avanço na prática do contencioso administrativo português, uma vez que, em sede de licenciamento municipal de loteamentos urbanos, obras de urbanização e obras particulares, "o particular pode agora recorrer aos tribunais no primeiro momento em que se verifica o silêncio da Administração, já não lhe sendo exigível que percorra todas as fases do procedimento com base em sucessivos actos de deferimento tácito, com os riscos daí inerentes."[48]

Depois de todo este percurso lento e aos impulsos, pouco mais poderia o legislador ordinário fazer do que consagrar em termos gerais a condenação à prática de acto legalmente devido. Tal concretização legal geral deu-se através do Código de Processo nos Tribunais Administrativos (CPTA), fruto de uma reforma administrativa tardia mas ardentemente desejada por todos aqueles que se ocupam deste ramo processual. Com a sua aprovação em 2002, finalmente ouviu-se o comando constitucional, atendeu-se à exigência prática, tal como se respeitou o apelo da doutrina.

A Lei fundamental, como analisado anteriormente, desde 1989, exigia a reestruturação da justiça administrativa, exigência essa reforçada claramente com a revisão de 1997, sendo que o silêncio do legislador ordinário chegou mesmo a provocar a ironia de que a sua ausência de comportamento, reincidente, poderia dar origem a uma nova figura de inconstitucionalidade, a «inconstitucionalidade por omissão agravada»[49].

A par do comando constitucional para uma reforma do contencioso administrativo que consagrasse a condenação

---

[48] Preâmbulo do Decreto-lei n.° 555/99.
[49] Vasco Pereira da Silva, *O contencioso administrativo...*, página 47.

da Administração à prática de acto devido, também a prática tornou-a numa exigência, demonstrada que foi a insuficiência do contencioso de anulação face a particulares que têm direitos fortemente garantísticos resultantes da nova Administração Prestadora que tem o dever de dar e não apenas a possibilidade de fazer.

O apelo cresceu com as vozes da doutrina, apelo doutrinário esse que assume o seu expoente máximo com o Manifesto de Guimarães Sobre a Justiça Administrativa[50] onde um conjunto de Professores administrativistas apelou a uma reorganização substancial do contencioso administrativo, capaz de dar satisfação ao princípio da tutela jurisdicional efectiva, e que, em momento posterior, aquando do processo de discussão pública organizado pelo Ministério da Justiça para recolher as bases para a reforma, revelaram que a condenação à prática de acto legalmente devido surge como um importante passo em direcção a um contencioso administrativo de acordo com o princípio da tutela jurisdicional efectiva[51].

A reforma do contencioso apresentou como claro objectivo assegurar que a justiça administrativa passasse a pro-

---

[50] Cadernos de Justiça Administrativa, n.º 16, páginas 67 e 68.

[51] Basta olhar para um conjunto de textos surgidos de intervenções feitas no âmbito do debate público, recolhidas em colectânea pelo Ministério da Justiça – Reforma do Contencioso Administrativo, Trabalhos Preparatórios, O Debate Universitário, Volume I. Como exemplo: intervenção do Conselheiro Rosendo Dias José, páginas 34 e seg.; Vasco Pereira da Silva, páginas 72 e seg.; António Cândido de Oliveira, página 80; Fausto Quadros, página 154; Marta Garcia Pérez, página 199; Luís Filipe Colaço Antunes, páginas 237 e segs; António Barbosa de Melo, páginas 305 e segs; João Pacheco Amorim, páginas 337 e segs; Sérvulo Correia, páginas 521e segs.

porcionar uma efectiva tutela a todos os particulares que vissem ofendidos os seu direitos ou interesses legalmente protegidos. Mas, se esse era o objectivo cimeiro, não se deverá esquecer que o princípio da tutela judicial efectiva para ser correctamente concretizado à luz da Constituição portuguesa teria de proporcionar um justo equilíbrio entre as dimensões subjectiva e objectiva[52]. Dessa verificação resultou, por um lado, a contínua preocupação com a salvaguarda do princípio da legalidade, através nomeadamente da extensão da protecção oferecida aos interesses públicos e difusos, agora não reflexamente dependentes da protecção dos direitos individuais[53], e por outro, a atenção dada ao princípio do Estado de Direito Democrático, "baseado no postulado da dignidade da pessoa humana e, portanto, na afirmação de que os indivíduos são titulares de direitos fundamentais anteriores e superiores a qualquer forma de organização política, afigura[ndo]-se ser a mais importante, e daí o natural relevo que o CPTA lhe confere (…)"[54]. Na Exposição de Motivos, esta ideia é reforçada ao afirmar-se que se trata "de uma reforma absolutamente indispensável à plena instituição, no nosso país, do Estado de Direito que a Constituição da República Portuguesa veio consagrar", colocando em relevo a novidade da condenação judi-

---

[52] Diogo Freitas do Amaral e Mário Aroso de Almeida, *ob cit*, página 17.

[53] Tendo como exemplos apresentados por Diogo Freitas do Amaral e Mário Aroso de Almeida a amplitude da legitimidade activa do artigo 9.º CPTA; a extensão da acção pública ao domínio das acções sobre contratos e a legitimidade activa alargada no caso específico de condenação à prática de acto devido, *ob cit*, página 15.

[54] Diogo Freitas do Amaral e Mário Aroso de Almeida, *ob cit*, página 14.

cial da prática de actos devidos[55], criada para o "caso de a Administração indeferir expressamente uma pretensão dirigida à emissão de um acto administrativo, [sendo que] o tribunal não deve limitar-se a verificar se a recusa foi ilegal mas deve pronunciar-se sobre o bem fundado da pretensão do interessado, na exacta medida em que tal seja possível sem invadir o espaço próprio da discricionariedade administrativa."

Com tais explicações compreende-se qual o papel reservado ao instituto objecto do presente estudo. Entre outras figuras inovadoras, a condenação para a prática de actos devidos surge como instrumento de reformulação do sistema português de justiça administrativa, colmatando os espaços vazios de protecção deixados pelo anterior recurso de anulação e contribuindo para uma maior protecção dos particulares que, embora cada vez mais dependentes da actuação da Administração para a efectivação dos seus direitos, não podem permanecer dependentes da vontade, tantas vezes arbitrária, dessa Administração em lhes concretizar ou não os seus direitos através de actos administrativos que por lei lhes são devidos.

---

[55] Curiosamente com a nomenclatura de "determinação judicial da prática de actos devidos"

B. O RETRATO LEGAL DO PEDIDO DE CONDE-NAÇÃO À PRÁTICA DE ACTO DEVIDO

1. Forma do pedido da acção administrativa especial (artigo 66.º, n.º 1 CPTA)

Discutiu-se se a condenação à prática de acto administrativo legalmente devido deveria ou não constituir um tipo independente de acção, à semelhança do modelo alemão, onde a cada pretensão cabe um tipo específico de acção, no fundo, algo semelhante também ao nosso processo civil. Tal discussão inclusivamente ocorreu no seio da Comissão Eventual de Revisão da Constituição para a revisão de 1997. Teria de se saber "se a providência em causa haveria de ser obtida através do meio processual constituído tradicionalmente pelo recurso de anulação, ou outro meio processual-regra, ou se deveria criar-se para o efeito uma forma de acção própria e autónoma – *acção de obrigação? acção de cumprimento? acção por inactividade? acção para a prática de acto administrativo devido?*"[56]

Também a doutrina debateu a questão. Houve quem questionasse se um tal instituto não deveria ser agregado na acção para reconhecimento de direitos e interesses legal-

---

[56] António Barbosa de Melo, *loc cit*, página 307.

mente protegidos, uma vez que se pode considerar como sub-espécie de tal acção, atento, através dela, se buscar o reconhecimento do direito ou interesse dirigido à emissão do acto administrativo, com as consequências daí retiradas, como foi já apontado[57]. Mas outras vozes também se ergueram a afirmar que um tal tipo de condenação se apresentava como uma providência cautelar, intitulada de intimação para a prática de acto administrativo, transformada em acção, sendo que tal opção não seria desejável "porque a natureza de acção pode retirar àquela intimação o carácter urgente que, talvez em regra, ela venha a assumir."[58]

No entanto, a opção do legislador foi a de compreender a condenação da Administração à prática de acto legalmente devido no pedido de um dos dois tipos de acção do novo contencioso administrativo português: a acção administrativa especial.

Ultrapassando a discussão doutrinária sobre a unidade ou pluralidade dos meios processuais da justiça administrativa[59], o legislador ordinário consagrou uma dualidade de meios processuais principais através da criação da acção

---

[57] Mário Aroso de Almeida, *Pronúncias Judiciais e sua execução na reforma do contencioso administrativo* in Cadernos de Justiça Administrativa, n.º 22, Julho/Agosto de 2000.

[58] Fausto Quadros, *Algumas considerações gerais sobre a reforma do contencioso administrativo, em especial, as providências cautelares* in Reforma do Contencioso Administrativo, Trabalhos Preparatórios, O Debate Universitário, Volume I, página 154.

[59] Cfr., por exemplo, Sérvulo Correia, *Unidade ou pluralidade de meios processuais principais no contencioso administrativo* in Reforma do Contencioso Administrativo, Trabalhos Preparatórios, O Debate Universitário, Volume I, páginas 513 e seguintes.

administrativa comum e da acção administrativa especial. A delimitação entre elas dá-se pela existência de elementos comuns aos pedidos da acção administrativa especial: actos ou normas administrativas, ou seja, elementos concretos que envolvem a relação jurídica entre os particulares e o ente público. Tal é visível no artigo 46.º, n.º 1 do CPTA:

> "1 – Seguem a forma da acção administrativa especial, com a tramitação regulada no capítulo II do presente título, os processos cujo objecto sejam pretensões emergentes da prática ou omissão ilegal de actos administrativos, bem como de normas que tenham ou devessem ter sido emitidas ao abrigo de disposições de direito administrativo."

Numa condenação à prática de acto administrativo devido é clara a presença de um acto administrativo que é necessário para a concretização do direito ou interesse legalmente protegido do particular, logo, a sua incorporação neste tipo de acção está plenamente justificado, deixando para a acção administrativa comum todas as outras condenações da Administração que não envolvam a prática de um acto jurídico mas antes, e.g, o exercício de uma determinada tarefa (observe-se, por exemplo, o previsto no artigo 37.º, n.º 2, alíneas c), d), e), g) do CPTA[60]). O próprio

---

[60] "Artigo 37.º Objecto
　　[...]
　　2 – [...]
　　　c) Condenação à adopção ou abstenção de comportamentos, designadamente a condenação da Administração à não emis-

artigo 66.°, n.° 1 do CPTA (e inclusive o artigo 46.°, n.° 2, alínea b) do CPTA), relativo ao objecto do pedido de condenação à prática de acto devido revela tal evidência:

" 1 – A acção administrativa especial pode ser utilizada para obter a condenação da entidade competente à prática, dentro de determinado prazo, de um acto administrativo ilegalmente omitido ou recusado."

2. Objecto do processo (artigo 66.°, n.ᵒˢ 1 e 2 do CPTA)

Para que se identifique o objecto do pedido de condenação à prática de acto devido, o legislador foi bastante claro. No artigo 66.°, n.° 2 do CPTA estabelece-se:

---

são de um acto administrativo, quando seja provável a emissão de um acto lesivo;

d) Condenação da Administração à adopção das condutas necessárias ao restabelecimento de direitos ou interesses violados;

e) Condenação da Administração ao cumprimento de deveres de prestar que directamente decorram de normas jurídico-administrativas e não envolvam a emissão de um acto administrativo impugnável, ou que tenham sido constituídos por actos jurídicos praticados ao abrigo de disposições de direito administrativo, e que podem ter por objecto o pagamento de uma quantia, a entrega de uma coisa ou a prestação de um facto;

[...]

g) Condenação ao pagamento de indemnizações decorrentes da imposição de sacrifícios por razões de interesse público;

[...]".

"2 – Ainda que a prática do acto devido tenha sido expressamente recusada, o objecto do processo é a pretensão do interessado e não o acto de indeferimento, cuja eliminação da ordem jurídica resulta directamente da pronúncia condenatória."[61]

Desta afirmação resultam três conclusões, sobre as quais recairá a análise deste aspecto:

1.º O objecto do processo é a pretensão do interessado (há então que averiguar qual é essa pretensão);

2.º Há uma nítida distinção entre as funções do pedido de condenação à prática de acto devido e do pedido de impugnação de actos administrativos, não se sobrepondo;

3.º Assume-se, quiçá, um pedido de anulação implícito no pedido de condenação à prática de acto devido, quando se esteja perante uma recusa expressa de praticar tal acto: pronúncia condenatória como elemento que elimina da ordem jurídica o acto de indeferimento expresso.

Analisemos.

1.ª **Questão**: O objecto do processo como a pretensão do interessado

O particular ao dirigir-se ao tribunal pretende que o órgão jurisdicional reconheça a existência de um direito ou interesse legalmente protegido à emissão de um acto admi-

---

[61] Sublinhado nosso.

nistrativo inserido na sua esfera jurídica e que, mercê desse reconhecimento, obrigue a Administração a praticar o acto. Desta explicitação se retira que a pretensão do particular é aqui a de ver reconhecida a existência do seu direito ou interesse legalmente protegido, dirigido à emissão de acto administrativo. Assim, conclui-se que o objecto do pedido de condenação é o reconhecimento de direitos ou interesses que se dirigem à emissão de acto administrativo, como aliás já se tinha deixado entrever com a opinião de MÁRIO AROSO DE ALMEIDA a propósito da autonomização processual ou não da figura[62].

2.ª Questão: As distintas funções do pedido de condenação à prática de acto devido e do pedido de impugnação de actos administrativos

Pela delimitação de qual é o objecto do pedido de condenação à prática de acto devido, face ao objecto do pedido de impugnação de actos administrativos[63], conclui-se que estas duas classes de pedidos, apesar de estarem enquadrados num mesmo tipo de acção administrativa, assumem funções diferentes, não coincidentes ou sobreponíveis.

O antigo recurso de anulação, actual pedido de impugnação de actos administrativos, surge como um meio para o particular recorrer de actos administrativos que apresentam vícios de ilegalidade, sendo que, nesta nova construção dogmática do contencioso administrativo português,

---

[62] *Supra* páginas 53 e 54.
[63] "Artigo 50.º: Objecto e efeitos da impugnação
  1 – A impugnação de um acto administrativo tem por objecto a anulação ou declaração de nulidade ou inexistência desse acto. [...]".

atravès do CPTA, a sua função fica por aí, nada mais é de esperar do que a anulação, declaração de nulidade ou inexistência do acto. Assim, a impugnação de actos surge como o meio de defesa da legalidade por excelência e como o meio de proteger os particulares que, para verem a sua esfera jurídica reequilibrada, após uma intervenção ilegal por parte da Administração, se bastam com a mera anulação do acto[64].

No caso de se estar perante uma actuação administrativa, onde o cidadão se vê ferido nos seus direitos ou interesses legalmente protegidos, não se bastando com a mera anulação, necessitando ainda da prática de um outro acto para que a sua posição jurídica seja salvaguardada e regulada, nestas situações valeria o pedido de condenação para a prática de acto devido, quer a actuação da Administração fosse a recusa expressa ou a omissão.

O vocábulo "valeria" foi aplicado intencionalmente já que da análise conjugada dos preceitos da lei se retira uma interpretação confusa e que levanta problemas de correcta delimitação da figura quando se está perante uma recusa expressa por parte do ente público. Vejamos.

O legislador determina no artigo 66.º, n.º 2 que, caso se trate de um acto de recusa por parte da Administração, a sua "eliminação da ordem jurídica resulta directamente da pronúncia condenatória" feita pelo Tribunal. Com esta afirmação ressalta que o particular, no caso de ter visto o seu requerimento à Administração expressamente recusado,

---

[64] Convém, no entanto, referir que o vocábulo "anulação", várias vezes utilizado pela doutrina e igualmente neste estudo, não pretende excluir a declaração de inexistência ou de nulidade.

não necessita de pedir a anulação desse acto de indeferimento, já que o Tribunal, ao pronunciar-se pela existência de um direito ou interesse a certo acto administrativo e ao condenar a Administração a praticá-lo, implicitamente elimina o acto de recusa da ordem jurídica. Chega-se a afirmar que "confrontado com um acto de indeferimento, o titular de uma posição subjectiva de conteúdo pretensivo **deixa de ter de impugnar esse acto – na verdade, ele deixa mesmo de poder impugná-lo –**, deduzindo contra ele um pedido de anulação ou de declaração de nulidade, **para passar a poder – e dever –** fazer valer a sua própria posição substantiva, em todas as dimensões em que ela se desdobra, no âmbito de um processo de condenação da Administração à prática do acto ilegalmente recusado."[65]

A primeira reacção seria de total adesão. Porém, analisadas bem as coisas, tal entusiasmo fica turvado com a percepção de que o legislador, em sede de cumulação de pedidos, previu a possibilidade de o particular cumular o pedido de impugnação com o pedido de condenação à prática de acto administrativo devido (artigo 47.º, n.º 2, alínea a) CPTA). Qual então a virtualidade de a pronúncia condenatória eliminar o acto de recusa? Se a condenação por si só afasta da ordem jurídica o acto recusado ilegalmente, então porquê pensar ser necessário ou possível formular igualmente com o pedido de condenação, o pedido de impugnação desse mesmo acto? Não parece fazer sentido admitir uma cumulação destes pedidos, face à correcta construção do artigo 66.º, n.º 2. Mais ainda, quando, no

---

[65] Mário Aroso de Almeida, *O novo regime do processo nos tribunais administrativos*, página 171. Sublinhado nosso.

artigo 51.º, n.º 4, o legislador afirma que "Se contra um acto de indeferimento for deduzido um pedido de **estrita**[66] anulação, o tribunal convida o autor a substituir a petição, para o efeito de formular o adequado pedido de condenação à prática de acto devido [...]." Até mesmo neste preceito a incongruência permanece considerando que se fala em "estrita anulação", continuando presente a ideia de possível cumulação do pedido de condenação com pedido de impugnação.

Estamos então perante uma incongruência por parte do legislador.

A situação torna-se mais clara quando colocamos à prova a lei com o caso em que, apesar de a Administração ter praticado determinado acto em resposta ao requerimento do particular, o conteúdo desse acto não satisfaz, total ou parcialmente, a pretensão deste. Como gerir esta situação? À partida, segundo o raciocínio do CPTA, o particular deveria cumular o pedido de impugnação desse acto que não o satisfez com o pedido de condenação à prática de acto administrativo legalmente devido, como se pode retirar do artigo 70.º, n.º 3, porquanto se, durante a pendência do processo (o mais), se poderia dar a cumulação para o caso, também se deverá entender que, se a situação se der originariamente (o menos), esse seria o mesmo caminho. Mas esta opção apresenta-se claramente contraditória.

Um primeiro reflexo dessa contradição revela-se com as funções dos pedidos em análise. Se o pedido de impugnação nasce, no novo contencioso, para a defesa da legalidade e para a defesa dos direitos e interesses dos particula-

---

[66] Sublinhado nosso.

res, quando estes se bastem apenas com a mera anulação, facilmente observamos que, nesta situação, não há espaço para tal raciocínio, dado que a mera anulação do acto praticado não tem a possibilidade de satisfazer a pretensão do particular que só ficará satisfeita com a prática do acto com o conteúdo desejado. Perante esta verificação, chegaríamos, por si só, à conclusão que nestes casos não se deveria utilizar a impugnação, mas unicamente o pedido de condenação à prática de acto devido. Mas afigura-se que o legislador de tal não se apercebeu.

Não se fica, porém, por aqui. A conjugação de preceitos e intenções relevantes nesta situação vem reforçar a conclusão retirada do confronto das funções dos dois institutos: não é necessário apelar à cumulação de pedidos no caso em análise. Se o legislador afirma a possibilidade de cumulação, é certo que, para tal, além da existência de uma conexão essencial entre as questões, naturalmente impõe que se verifiquem os pressupostos específicos de cada pedido. Face ao acto praticado com o conteúdo que não satisfaz, total ou parcialmente, o particular, os pressupostos do pedido de impugnação estariam satisfeitos, mas os do pedido de condenação? À partida tal comportamento administrativo não incorpora nem uma omissão – a Administração agiu, não permaneceu em silêncio – nem uma recusa de apreciação de requerimento – a Administração apreciou e decidiu – nem uma recusa expressa – entendida enquanto indeferimento expresso *stricto sensu*. Não estariam, portanto, preenchidos os requisitos do pedido de condenação, logo não se poderia dar a cumulação. A solução para salvaguardar a opção legislativa e não desproteger o particular seria alargar o conteúdo do conceito de recusa expressa para poder abarcar tanto as situações de indeferimento expresso como as situações em que a Administração praticou o acto mas não com o conteúdo que era devido. O raciocínio de enquadramento seria feito com base no facto de, através do pedido de condenação, se pretender "fazer valer a posição substantiva [do particular], em todas as dimensões em que ela se desdobra [...]"[67]. Ao ampliar-se, permitir-se-ia o preenchimento dos requisitos do pedido de condenação e, por essa via, a possibilidade da cumulação. Porém, ao proceder a esse alargamento interpretativo necessário, deparamos com a perda da utilidade da cumulação, uma vez que, se a pronúncia condenatória apaga da ordem jurídica o acto de recusa expressa, então porquê o pedido de impugnação? Entre demonstrar a inutilidade da cumulação e ferir de morte, por um lado, as diferentes funções dos pedidos de condenação e impugnação e, por outro, o valor e a eficácia da pronúncia condenatória face à recusa, parece de todo claro que devem prevalecer estes últimos, dado o importante papel que desempenham na construção do novo contencioso administrativo.

Não se pode, contudo, retirar daqui que a cumulação de pedidos de impugnação e condenação à prática de actos devidos surge sempre como inútil e desnecessária. Ela fará todo o sentido e servirá como importante elemento de defesa e garantia dos particulares quando ocorram casos em que não há uma exacta e perfeita coincidência entre o acto praticado e o acto desejado, apesar de existir a conexão essencial. Tal será o caso, nomeadamente, em que, numa questão complexa, a Administração praticou determinado acto interlocutório desfavorável para o parti-

---

[67] Mário Aroso de Almeida, *O novo regime...*, página 171.

cular, que, embora acessório à questão central, a influencia. Aqui, para evitar que se dê a consolidação, na ordem jurídica, desse acto e que, com essa consolidação, se produzam efeitos negativos que prejudiquem a resolução favorável da questão central, fará todo o sentido a cumulação de pedidos.

Verificamos, assim, que o pedido de condenação à prática de acto devido apresenta uma função dinâmica no seio do novo contencioso administrativo, uma função claramente marcada pela afirmação de que a justiça administrativa se funda no conceito de relação jurídica administrativa, em vez do tradicional acto administrativo, sendo que lhe cabe a protecção dos particulares em articulação com os valores de defesa da legalidade. Os particulares têm assim a definição da sua esfera jurídica garantida por este tipo de pedido da acção administrativa especial.

3.ª Questão: Pronúncia condenatória como elemento que elimina da ordem jurídica o acto de indeferimento expresso

Como acabou de ser abordado (para lá de toda a discussão em torno da congruência), no caso de se estar perante uma recusa expressa por parte da Administração, o particular dirige-se ao tribunal através do pedido de condenação, não sendo necessária a impugnação do acto de recusa, já que a pronúncia condenatória apresenta um duplo sentido: por um lado, profere uma injunção à Administração para que esta pratique o acto devido por lei e, por outro, ao proferir essa injunção faz desaparecer da ordem jurídica o acto de recusa.

A demonstração deste segundo sentido pode ser encontrada, não só no texto legal, no artigo 66.º, n.º 2[68], parte final, como em sede de Exposição de Motivos do CPTA:

"A condenação proferida tem, só por si, o alcance de eliminar na ordem jurídica o indeferimento porventura proferido.

Com este conjunto de precisões, não se pretende fazer doutrina nem resolver questões doutrinais. Num sistema em que são tradicionalmente impugnados indeferimentos expressos e até indeferimentos deduzidos do próprio silêncio da Administração e em que é, portanto, pedida e proferida a anulação de tais indeferimentos, sendo a esse quadro conceptual que estão habituados todos os que lidam com o contencioso administrativo, não parece restar ao legislador outra alternativa do que partir desse quadro para nele introduzir as modificações necessárias. Daí o ter sido julgado conveniente esclarecer que se pretende acabar com a anulação de indeferimentos e que a **condenação à prática do acto devido substitui a pronúncia anulatória** – pelo que, uma vez proferida a sentença de condenação, não se pode sustentar que o indeferimento ainda subsiste na ordem jurídica, por não ter sido devidamente anulado."[69]

---

[68] "Artigo 66.º Objecto

    1 – [...]

    2 – ..., o objecto do processo é a pretensão do interessado e não **o acto de indeferimento, cuja eliminação da ordem jurídica resulta directamente da pronúncia condenatória**.

    [...]". Sublinhado nosso.

[69] Sublinhado nosso.

Para terminar a abordagem da problemática do objecto do pedido de condenação, resta ainda fazer uma observação relativa à cumulação de pedidos. De grande importância se apresenta a possibilidade de cumulação do pedido de condenação à prática de acto legalmente devido com o pedido de condenação da Administração à reparação dos danos resultantes da actuação ou omissão administrativa ilegal (artigo 47.º, n.º 1 do CPTA). De facto, a susceptibilidade de o particular ofendido, além de ver satisfeito o seu direito ou interesse à emissão do acto administrativo devido, ser indemnizado pelos danos resultantes de tal actuação danosa por parte da entidade pública sugere um aumento substancial da qualidade da tutela dos direitos dos cidadãos, atento que permite desde logo, sem demoras adicionais, condenar duplamente a Administração, responsabilizando-a pela sua atitude ilegal, indevida e reprovável. A existência de relação material de conexão, entendida como "relação de prejudicialidade ou dependência, nomeadamente por se inscreverem no âmbito da mesma relação jurídica material", como estabelece o artigo 4.º, n.º 1, alínea a) do CPTA, não só é retirada imediatamente pela lógica das coisas, como o artigo 47.º, n.º 1 o dispõe.

3. Requisitos (artigo 67.º do CPTA)

3.1. *Situação em que se suscita a utilização da figura*

Procurando criar uma espécie de esquema que identifique as situações em que se utiliza o pedido de condenação à prática de acto devido, a sua imagem seria algo como o seguidamente apresentado.

1.° Momento: À Administração incumbe um dever de agir resultante de uma "jurisdificação" da sua obrigação genérica de actuar prevista no artigo 9.° do Código de Procedimento Administrativo (CPA). Essa "jurisdificação" decorre da existência concreta de um direito ou interesse legalmente protegido, dirigido à emissão de um acto administrativo;

2.° Momento: O particular sujeito do direito ou interesse legalmente protegido apresenta requerimento à Administração exigindo desta a prática do acto que lhe é devido por lei para que o seu direito ou interesse protegido seja concretizado;

3.° Momento: O requerimento deve ser feito a órgão competente, mas a extensão garantística impõe ao órgão a que foi dirigido o requerimento, e que seja incompetente, o dever de remeter oficiosamente esse requerimento para o órgão legalmente competente, sendo que, se o não fizer, em nada a posição do particular fica afectada porque se imputa ao órgão competente a inércia do órgão, a que, apesar de incompetente, foi dirigido o requerimento (artigo 67.°, n.° 3 do CPTA);

4.° Momento: Face à apresentação do requerimento, a Administração tem atitude ilegal (artigo 67.°, n.°1), atitude essa que pode apresentar um de três contornos:

- silêncio, equivalendo a omissão pura (alínea a));
- recusa expressa da prática do acto requerido que se apresenta como legalmente devido (alínea b));
- recusa de apreciação do requerimento (alínea c)).

3.2. *Análise dos requisitos exigidos*

Percorrendo os vários momentos ou fases criadores da possibilidade de utilização do pedido de condenação à prática de acto devido, há a percepção de que alguns deles suscitam uma análise mais pormenorizada.

I) *Quando existe um dever de a Administração praticar um acto administrativo?*

O CPA, no seu artigo 9.°, n.° 1, traz à luz um dever de pronúncia, por parte da Administração, sobre todos os assuntos apresentados pelos particulares que recaiam no âmbito da sua competência. Mas este enunciado do princípio da decisão não oferece nenhum direito ou interesse específico ao particular, apenas cria um dever genérico para a Administração actuar. É certo que é esse dever genérico que é tomado como base no pedido de condenação, mas isoladamente não é suficiente uma vez que não oferece garantia jurídica ao particular para alegar em juízo. Apesar disso, é um importante ponto de partida para a construção teórica.

MARCOS GÓMEZ PUENTE[70], discorrendo sobre a existência de uma obrigação de agir para a Administração, deixa entrever uma construção que em muito auxilia a base da figura da condenação à prática de acto devido. Para este autor, não surge como complexo apercebermo-nos de que o princípio do Estado Social de Direito implica a existência de um Estado interventor e dinâmico que age através da

---

[70] Marcos Gómez Puente, *ob cit*, páginas 43 e seguintes.

Administração e que procura acima de tudo a concretização do objectivo social, i.e, "com efeito, aspira-se a tornar efectivo o exercício dos direitos individuais para lá da sua mera titularidade formal, ultrapassando os obstáculos de ordem técnica, económica, social ou cultural que possam opor-se a tal exercício"[71], sendo que "o *status libertatis* que o Estado Social reconhece ao indivíduo, não fica já definido apenas pelos limites negativos impostos ao poder público, mas também pelas prestações que se exijam deste para assegurar uma existência digna em que possam ser exercitadas de forma efectiva e com iguais oportunidades aquelas liberdades."[72] No fundo surgem um Estado e uma Administração Prestacionais que, perante a crescente faceta interventiva, exige aumentada actuação administrativa para que a disponibilidade e o exercício dos direitos dos particulares se concretizem, se realizem. Posição secundada por PAULO OTERO que afirma: "num Estado assente em modelos de bem-estar, e de prestações tendentes à satisfação de direitos sociais, a resposta da Administração tem de ser pronta, contínua e eficaz."[73]

Ora, funções como remover obstáculos, facilitar actividades e até mesmo defender o interesse público são funções que implicam a existência de actividade. O próprio conceito de eficiência, tão conectado com a função administrativa, está "ligado à ideia de acção, para produzir resultado de modo rápido e preciso. Associado à Administração Pública, o princípio da eficiência determina que a Administração

---

[71] Marcos Gómez Puente, *ob cit*, página 43. Tradução nossa.
[72] Marcos Gómez Puente, *ob cit*, página 69. Tradução nossa.
[73] Paulo Otero, *O poder de substituição em Direito Administrativo*, página 105.

deve agir, de modo rápido e preciso, para produzir resultados que satisfaçam as necessidades da população. Eficiência contrapõe-se a lentidão, a descanso, a negligência, a omissão."[74]

Assim, sobre a Administração impende constantemente um dever de actuar, um dever de agir. Se esse dever não é observado, deparamos com um caso de Má Administração[75], tomada como "toda a conduta activa ou passiva que não satisfaça as exigências constitucionais e legais anteriormente consagradas."[76]

Desta explicitação sobressai a ideia de que o dever de a Administração praticar um acto administrativo depende de duas condições – uma primeira[77], decorrente do lado da própria Administração, em que se deduz que, da ordem jurídica, resulta um reconhecimento expresso de um dever administrativo de actuar ou de uma faculdade representada por um poder funcional[78], ambos resultantes da lei ou do princípio da auto vinculação da Administração em respeito do princípio da igualdade; e uma segunda, dependente do conteúdo da esfera jurídica do particular que necessita

---

[74] Odete Medauar, Direito Administrativo Moderno, citado por Rogério Lima, *O direito administrativo e o poder judiciário*, página 158.

[75] Conceito identificado com *maladministration* que MARCOS GÓMEZ PUENTE afirma proceder do ordenamento anglo-saxónico, tendo sido importado pelo ordenamento comunitário no Tratado da União Europeia de Maastricht, *ob cit*, página 47, e para maiores desenvolvimentos acerca do nascimento do conceito, ver páginas 49 e seguintes.

[76] Marcos Gómez Puente, *ob cit*, página 49. Tradução nossa.

[77] Marcos Gómez Puente, *ob cit*, página 57.

[78] O que implica na mesma um dever, já que o poder funcional actua como um direito potestativo em que ao direito corresponde também um dever.

albergar um direito subjectivo ou um interesse legalmente devido que actuem como catalizadores de uma relação jurídica personalizada capaz de accionar os meios de defesa contenciosos.

Para a percepção do lado do particular, a questão que imediatamente se coloca será a de saber como se identifica nas normas a existência de um direito ou interesse legalmente protegido à emissão de um acto administrativo. A resposta seria assaz complexa se o legislador distinguisse níveis de protecção entre os titulares de direitos e os titulares de interesses legalmente protegidos, porém, tal não foi a escolha presente no CPTA, daí que, face a tal extensão da protecção, o legislador parece bastar-se com a existência de meros indícios, resultantes da norma, que demonstrem a hipótese de sindicabilidade pelo particular. Tal interpretação vai de encontro ao espírito do legislador quanto à maximização da efectividade da tutela judicial e quanto à preocupação de promover, em quaisquer circunstâncias, a decisão de mérito em detrimento dos excessivos entraves formalistas que até hoje subsistem. Se tal opção é ou não demasiado permissiva, vozes já se ouviram a afirmar que esta reforma se pecar em algo pecará pelo excessivo proteccionismo com que premeia os particulares, posição, aliás, defendida por FREITAS DO AMARAL, na sua audição na Comissão de Assuntos Constitucionais, Direitos, Liberdades e Garantias, expressa no relatório desta última, onde o Professor afirma que esta reforma "padece de uma deficiência genérica, que é a excessiva generosidade com que abre o contencioso administrativo a toda e qualquer iniciativa dos particulares; não há uma única regra limitativa em matéria de recorribilidade do acto administrativo, há uma enorme generosidade em matéria de acção popular, há uma enorme generosidade em matéria de medidas cautelares."[79]

Do exposto sobressai que o núcleo dos actos que recairão na alçada protectora do pedido de condenação à prática de acto administrativo legalmente devido será integrado pelos actos administrativos decorrentes da Administração Constitutiva enquanto símbolo da Administração Prestadora. Porém, atendendo à função e à *ratio* do pedido de condenação, há que alargar o âmbito de admissão para os casos de actos administrativos símbolo da Administração Agressiva, quando seja essencial para contrariar a incerteza e a insegurança jurídicas, dado o cidadão não poder esperar eternamente pela decisão da Administração, mesmo que a resposta seja negativa.

II) *Quando existe omissão por parte da Administração?*

A caracterização da omissão administrativa surge, com curiosas inovações, na condenação à prática de acto devido.

A lei tem a preocupação de falar apenas em omissão (artigo 66.º, n.º 1 do CPTA), em situações em que "não tenha sido proferida decisão dentro do prazo legalmente estabelecido" (artigo 67.º, n.º 1, alínea a) do CPTA) e em inércia (artigo 69.º, n.º 1 do CPTA). Qual o alcance destas expressões?

A problemática prende-se obviamente com a questão dos actos tácitos. Será que tanto o acto tácito de indeferimento, como o acto tácito de deferimento cabem na figura

---

[79] Relatório e parecer da Comissão de Assuntos Constitucionais, Direitos, Liberdades e Garantias, Diário da Assembleia da República, II Série – N.º 12, página 194.

da omissão? No anteprojecto do CPTA, no seu artigo 82.º, alínea a), previa-se expressamente apenas a aplicação da condenação aos casos de indeferimento tácito. A alteração de consagração face ao CPTA justificará um alargamento da figura?

Em termos do indeferimento tácito, não há dúvidas de que este está incluído no conceito de omissão do novo CPTA. Na doutrina não se erguem vozes discordantes.

O que o legislador pretendeu fazer foi cessar com a ficção[80] do acto tácito de indeferimento. Tal construção legal e doutrinária já não faz sentido uma vez que, deixando o contencioso administrativo de ser um contencioso de mera anulação, onde a defesa de qualquer posição dos particulares teria de estar associada a um acto administrativo, deixa de ser necessária a existência de um acto administrativo, qualquer que seja a sua origem, para que o cidadão que se sinta lesado possa recorrer à justiça administrativa. Com esta alteração na lógica do contencioso, "[…] o incumpri-

---

[80] Apela-se aqui a uma das opções doutrinárias sobre a natureza do acto tácito de indeferimento (alinhando na posição defendida por Freitas do Amaral), apesar de se apontar que a opção não é líquida, uma vez que há quem defenda o acto tácito como manifestação implícita da vontade da Administração (Marcello Caetano, Rogério Soares e Sérvulo Correia) ou como mero facto (Barbosa de Melo, André Gonçalves Pereira e Vieira de Andrade). De todo o modo, a presente discussão fica sem efeito face às decorrências que se retiram da construção da omissão administrativa feita pelo legislador no CPTA, como é analisada de seguida no texto. As posições doutrinárias sinteticamente apontadas foram retiradas de Carlos Alberto Cadilha, *O silêncio administrativo* in Cadernos de Justiça Administrativa, n.º 28, página 26, nota de rodapé (12), local onde se faz também referência às respectivas obras.

mento, no prazo legal, do dever de decidir por parte da Administração passa a ser tratado como a *omissão pura e simples* que efectivamente é, ou seja, como *mero facto* constitutivo do interesse em agir em juízo para obter uma decisão judicial de condenação à prática do acto ilegalmente omitido."[81]

E o deferimento tácito? Caberá este no conceito de omissão preconizado pelo legislador? Face a esta questão, a doutrina já não se apresenta tão unânime como quanto ao caso do indeferimento tácito.

MÁRIO AROSO DE ALMEIDA afirma peremptoriamente que não. Para este autor, "em situações de deferimento tácito, **não há**, portanto, lugar para a propositura de uma acção de condenação à prática do acto omitido, pelo simples motivo de que a produção desse acto já resultou da lei. Poderá ser, quando muito, proposta – segundo os termos da acção administrativa comum e desde que, para o efeito, exista, naturalmente, o necessário interesse processual (cfr. artigo 39.º) – uma acção dirigida ao reconhecimento de que o acto tácito se produziu ou porventura de condenação da Administração ao reconhecimento de que assim é, para o efeito de adoptar os actos jurídicos e/ou as operações materiais que sejam devidos por esse facto."[82] Assim, deixa este autor entrever que, em virtude de a esfera jurídica do particular já estar regulada e por tal protegida, visto a lei já criar o acto administrativo devido, não necessita o particular de mais protecção jurídica do que a que já detém. Será realmente assim?

---

[81] Mário Aroso de Almeida, *O novo regime*..., página 167.
[82] Mário Aroso de Almeida, *O novo regime*..., página 166. Sublinhado nosso.

Penso que o argumento apresentado de que preclude a possibilidade de utilização da condenação à prática de acto devido "pelo simples motivo de que a produção desse acto já resultou da lei" valeria igualmente para o caso do indeferimento tácito, não apresentando qualquer especificidade face ao deferimento tácito, além de que a realidade jurídica mostra que o instituto, apesar de garantístico, apresenta enormes falhas de protecção, podendo ser "este o momento de repensar o tratamento a dar ao silêncio administrativo no âmbito da relação intersubjectiva, tendo presente que, perante um conflito de interesses, os riscos para a vida em sociedade que advêm do deferimento tácito poderão suplantar as desvantagens inerentes à demora na tomada da decisão, sabendo-se, além do mais, existirem outros mecanismos jurídicos de reparação do dano gerado na esfera jurídica do particular pela passividade administrativa (v.g., a via da responsabilidade civil)", como afirma CARLOS ALBERTO CADILHA[83], ideia igualmente partilhada por COLAÇO ANTUNES[84].

JOÃO TIAGO DA SILVEIRA[85] apresenta as críticas feitas mais comummente ao instituto do deferimento tácito:

- propiciador da adopção de comportamentos ilícitos;
- figura atentatória de interesses públicos e de terceiros;

---

[83] Carlos Alberto Cadilha, *loc cit*, página 32.

[84] "[...] pensamos que a acção para a determinação da prática de acto legalmente devido, bem poderia ter aqui serventia, eliminando esta sombra de verdade jurídica que é o silêncio positivo." Luís Filipe Colaço Antunes, *loc cit*, página 240.

[85] João Tiago da Silveira, *ob cit*, páginas 200 e seguintes.

- devolução da competência decisória administrativa para os particulares;
- potenciador de vícios no funcionamento da Administração;
- elemento conducente à falta de segurança para o particular; e
- dificuldades na execução,

e o certo é que o autor, apesar de procurar ultrapassá-los a todos, não só verifica que o "deferimento tácito é um instituto de cariz transitório, [...] um instituto que apenas existe dada a ainda insuficiente eficiência administrativa, incapaz de satisfazer com respostas expressas todos os requerimentos a ela dirigidos"[86], como aponta que a figura "tem inconvenientes, que podem ser graves do ponto de vista da garantia da posição jurídica do particular, dadas as dificuldades de operacionalização da figura."[87]

Face a toda esta verificação, parece ser correcto admitir a possibilidade de, nos casos em que a Administração nada diz, oferecendo a lei, até agora, o valor de acto tácito de deferimento, passar a preconizar a sua interpretação como mero facto potenciador da utilização do pedido de condenação à prática de acto devido. E nem mesmo o facto de se dizer[88] que tal solução levaria a inundar os tribunais de processos deste género, porquanto a Administração portuguesa constantemente "age" nos termos dos actos tácitos, seria negar a força da condenação à prática de acto devido

---

[86] João Tiago da Silveira, *ob cit*, página 200.
[87] João Tiago da Silveira, *ob cit*, página 227.
[88] João Tiago da Silveira, *ob cit*, página 200 e, em especial, página 226.

como elemento que incentiva a uma mudança de atitude por parte da Administração, passando a exigir-se desta comportamentos típicos diferentes dos que normalmente hoje a caracterizam. No fundo, seria negar força à função pedagógica afirmada na Exposição de Motivos[89], função essa que surge como uma espécie de incentivo forçado à mudança.

Acresce que a solução apresentada como possível, por JOÃO TIAGO DA SILVEIRA, para obstar às dificuldades inerentes à figura – a criação de um método de reconhecimento extra-judicial dos deferimentos tácitos a cargo de uma entidade externa que emitisse um certificado que valesse como o acto em falta[90] – desvirtuaria por completo a condenação à prática de acto devido, inverteria os papéis concedidos pelo legislador aos dois institutos, uma vez que a intenção do legislador foi precisamente a de criar um instrumento jurídico que fosse capaz de suprimir o *laisser faire* da Administração, protegendo os particulares dessa ausência de actuação devida pelo ente público[91]. E importa referir ainda um argumento histórico, porquanto no anteprojecto se falava apenas em indeferimento tácito para caracterizar a omissão administrativa, diferentemente do que se passa no CPTA.

---

[89] Ver *supra* página 24.

[90] João Tiago da Silveira, *ob cit*, página 219.

[91] Posição igualmente defendida por CARLOS ALBERTO CADILHA, *loc cit*, página 32: "Esta função de garantia dos administrados contra a passividade da Administração [referência ao acto tácito de deferimento], que em certa medida é semelhante à que é proporcionada pelo expediente jurídico do indeferimento tácito, perde grande parte da sua efectiva utilidade a partir do momento em que o ordenamento jurídico passa a prever um meio próprio de acção que tem justamente em vista superar o défice de protecção jurídica que deriva da inércia administrativa."

Uma vez adoptada a posição de que, ao lado do acto tácito de indeferimento, o acto tácito de deferimento deve alinhar no conceito de omissão administrativa consagrado para a condenação à prática de acto devido, coloca-se a questão de saber qual o papel que resulta desta análise para o deferimento tácito.

Nos termos da opinião de CARLOS ALBERTO CADILHA, que julgo dever perfilhar-se, ao acto tácito de deferimento deveria atribuir-se efeito "apenas no âmbito procedimental – a que poderá corresponder um conceito de acto tácito interno –, e sem directa interferência no funcionamento dos meios jurisdicionais de que o particular dispõe para reagir contra a ausência de uma resolução final."[92] Com esta opção claramente valeria a conclusão feita pelo autor nos termos da "eliminação do acto tácito externo e a consequente revogação das normas dos artigos 108.º e 109.º do CPA e, em paralelo, a institucionalização da acção para a determinação para a prática de acto devido, em termos de poder configurar-se como o único e eficaz meio processual de tutela jurisdicional das omissões administrativas."[93]

Além desta função meramente interna e procedimental, irá defender-se a possível continuidade do acto tácito de deferimento apenas em mais uma situação, situação essa que será analisada aquando do tratamento da efectividade da condenação da Administração à prática de acto devido, espaço para o qual remetemos a continuação da discussão.

---

[92] Carlos Alberto Cadilha, *loc cit*, página 33.
[93] Carlos Alberto Cadilha, *loc cit*, página 36.

III) *Quando existe recusa por parte da Administração?*

Uma recusa por parte da Administração dá-se no caso em que a entidade pública expressamente nega a satisfação da pretensão do interessado contida no requerimento feito por este último. Apresenta-se como um acto administrativo de indeferimento, indeferimento esse que é indevido e que, por tal, deve ser combatido. Mas, a par desta negação expressa, acresce ainda o caso já debatido da prática de acto pela Administração com conteúdo que não satisfaz, total ou parcialmente, a pretensão do particular. Há então um conceito amplo de recusa expressa que se deve considerar enquanto tal por via interpretativa, já que o legislador não distinguiu mas que é necessário para se garantir o respeito pela função e pela efectividade do pedido de condenação à prática de acto devido.

A opção do legislador pela qualificação do indeferimento expresso como um acto administrativo em sentido próprio vem resolver "expressamente a questão, tradicionalmente debatida na doutrina alemã, de saber em que termos se processa a remoção da ordem jurídica do acto de indeferimento que a Administração possa ter emitido sobre a matéria controvertida."[94] Mas a clarificação do indeferimento como um acto não altera a solução de que a sua reivindicação deve ser feita através do pedido de condenação à prática de acto devido, uma vez que do que se trata é a satisfação da pretensão do particular de ver concretizado o seu direito e não a impugnação do acto administrativo de indeferimento que surge aqui como mera peça acessória de um processo que pretende proteger e efectivar a dinâmica

---

[94] Mário Aroso de Almeida, *O novo regime...*, página 172.

de uma relação jurídica administrativa entre o particular e a Administração.

IV) *Quando existe recusa de apreciação do requerimento?*

Uma situação de indeferimento liminar da apreciação do requerimento feito pelo particular consubstancia o uso do pedido de condenação. A situação em que a Administração, embora apresentando as razões, afirma expressamente que não aprecia o requerimento quanto ao fundo da questão, ofende o direito ou interesse detido pelo particular em que seja emitido um acto administrativo, visto, no caso de se ter o direito à sua emissão, tal supor, logicamente, que a Administração não tem poder discricionário quanto à decisão de agir ou não agir.

MÁRIO AROSO DE ALMEIDA[95] explicita a forma como a figura sugere a ilegalidade e a possibilidade de contestação:

> "Esta última situação compreende duas sub-hipóteses, dado que a recusa de apreciação tanto se pode basear em motivos de ordem formal, como em considerações que envolvam a formulação de juízos valorativos quanto à oportunidade de decidir. Por isso, a recusa tanto pode ser contestada com fundamento na inexistência de facto dos motivos de ordem formal ou na falta de fundamento normativo que permitisse a sua invocação – desde logo, eventual discordância em relação à interpretação que a Administração porventura faça do

---

[95] Mário Aroso de Almeida, *O novo regime...*, página 174.

artigo 9.º, n.º 2, do CPA –, como com base na existência de circunstâncias que, no caso concreto, restrinjam ou eliminem a discricionariedade de acção que, em abstracto, a lei confira à Administração e de que ela se arrogue para se recusar a agir."

Para terminar a análise dos requisitos do pedido de condenação à prática de acto administrativo é ainda necessário referir a problemática referente ao recurso hierárquico necessário.

Na *Verpflichtungsklage,* o legislador alemão exige claramente que o particular, antes de se dirigir ao tribunal para fazer valer os seus direitos, tenha de recorrer de uma das três actuações indevidas da Administração para a própria Administração. Esse requisito prévio surge como forma de permitir um arrependimento do órgão administrativo, permitindo a satisfação da pretensão do particular numa segunda tentativa, para lá de apresentar a potencialidade de desviar dos tribunais questões que podem ser resolvidas pelo superior hierárquico do órgão administrativo faltoso.

Em Portugal, percorrendo os artigos do CPTA que regulam a condenação à prática de acto devido, em nenhum deles visualizamos a existência de uma tal requisito. Como interpretar esta opção? Será que, através dela, podemos concluir pela afirmação de que a figura do recurso hierárquico necessário é definitivamente banida do ordenamento jurídico-administrativo português ou, pelo contrário, podemos continuar a admiti-la como possível, caso lei especial a determine?

Muitas foram as linhas despendidas pela doutrina em defesa ou em ataque da constitucionalidade da figura. É claro que se se defender a inconstitucionalidade da mesma, o facto de o CPTA nada afirmar quanto a ela pode ser tomado como um bom argumento de que o legislador finalmente clarificou a temática optando pela exclusão da sua admissão. Porém, se se defender a sua constitucionalidade e a sua utilidade quando lei especial assim o determinar, então, permanecerá a ideia de que a sua exigência poderá ser feita se o legislador assim o entender.

Sobre este novo regime do CPTA existe já uma opinião publicada sobre o assunto. MÁRIO AROSO DE ALMEIDA defende que o "CPTA não obsta à existência de impugnações administrativas necessárias e, portanto não tem, só por si, o alcance de erradicar a figura do recurso hierárquico necessário. [...] A nosso ver, quer haja omissão ou recusa, há lugar à interposição de recurso hierárquico necessário, quando ele for exigido por lei especial. O recurso não tem por objecto necessariamente um acto do subordinado, mas a sua *conduta*, ainda que omissiva."[96]

A concordância com a opinião deste Professor não passa por uma consideração da boa função da figura, mas antes pela solução que nos oferece a lei nos artigos 69.º, n.º 3 e 59.º, n.º 5 do CPTA. Nos termos do último dos artigos, para o qual o primeiro remete, o legislador afirma:

"Artigo 59.º Início dos prazos de impugnação
[...]

5 – A suspensão do prazo prevista no número anterior não impede o interessado de proceder à im-

---

[96] Mário Aroso de Almeida, *O novo regime...*, páginas 168 e 169, respectivamente.

pugnação contenciosa do acto **na pendência da impugnação administrativa**, bem como de requerer a adopção de providências cautelares."[97]

A utilização da expressão "na pendência da impugnação administrativa" deixa entrever a possibilidade de o particular, antes de se dirigir ao tribunal, se dirigir à Administração reclamando da actuação ilegal do órgão hierarquicamente inferior. É claro que se poderá defender que, dado o facto de o legislador não afirmar a possibilidade da obrigatoriedade dessa impugnação administrativa, ela estaria excluída. Porém, não se poderá esquecer que nos encontramos no âmbito de um direito processual administrativo, cabendo as soluções de fundo, as ditas soluções materiais, ao direito administrativo material. Assim, não havendo nítida opção por parte do legislador processual em afastar a figura e permanecendo esta regulada no diploma substancial (artigos 166.º a 175.º do CPA), então deveremos admitir a possibilidade de lei especial vir a exigir o recurso hierárquico necessário antes de o particular se dirigir ao tribunal através do pedido de condenação da Administração à prática de acto devido. De admitir parece ser a possibilidade de o particular, por livre e espontânea vontade, vir a dirigir-se em primeiro lugar à Administração, requerendo reapreciação pelo superior hierárquico da actuação indevida do seu subordinado perante o direito ou interesse protegido no respeitante a determinado acto administrativo.

---

[97] Sublinhado nosso.

Curiosa é também a possibilidade de considerar necessário um recurso hierárquico no caso de o acto de recusa ter sido praticado por subalterno sem competência, mas tendo sido expressamente afirmado nesse acto que a sua confirmação, no fundo convalidação na ordem jurídica, dependeria de posterior reapreciação pelo superior hierárquico competente. Neste caso, em vez de um imediato apelo ao tribunal, em sede de pedido de condenação, seria necessário um recurso hierárquico para o superior competente como modo de efectivar a validade do acto na ordem jurídica.

4. Intervenientes no processo. A legitimidade (artigo 68.º do CPTA)

4.1. *Legitimidade activa (n.º 1): o interesse pessoal, o interesse público e os interesses difusos*

O primeiro grupo de pessoas a terem legitimidade processual para proporem uma acção administrativa especial com o pedido de condenação à prática de acto devido são os particulares que "alegue(m) ser titular(es) de um direito ou interesse legalmente protegido, dirigido à emissão desse acto" (artigo 68.º, n.º 1, alínea a) CPTA).

Verificamos, à semelhança do que se passa no procedimento administrativo, que o legislador procurou ter em consideração tanto aquelas situações em que o particular retira da norma um direito subjectivo, ou seja, que "uma norma jurídica [...] existe para proteger directamente o seu interesse específico num determinado bem (numa determinada coisa, conduta ou utilidade da vida)", oferecendo-lhe como tal poderes de disposição/poderes substanciais[98], como aquelas situações em que o particular detém um interesse legalmente protegido, i.e., "uma tutela ou protecção jurídica indirecta, reflexa. [...] Mas como ele é titular duma posição jurídica concreta que o coloca no âmbito de incidência específica da norma, ou seja, como ele é titular de interesses juridicamente subjectivados no âmbito da decisão a tomar, a lei confere-lhe poderes jurídicos instrumentais em ordem a que, realizando-se o interesse público, se satisfaça reflexamente o seu próprio interesse."[99] Não procurou o legislador ordinário do CPTA diferenciar o nível de protecção entre as duas categorias, bastando, assim, face à abertura da intensidade da legitimidade e como foi já anteriormente mencionado[100], que a norma indicie uma possível protecção para que a acção possa ser legalmente proposta.

De notar que, apesar de a legitimidade activa na alínea a) surgir intimamente ligada ao particular, tomado como indivíduo isolado, o mesmo poder é oferecido para as "pessoas colectivas, públicas ou privadas, em relação aos direitos e interesses que lhes cumpra defender"(artigo 68.º, n.º 1, alínea b) do CPTA).

Ainda no âmbito da legitimidade activa, o legislador previu a possibilidade de o instituto poder actuar como garante da legalidade e como tal alargou a extensão daqueles que podem propor a acção com o respectivo pedido. Aliás, tal intenção está presente em quase todos os institutos (para

---

[98] Mário Esteves de Oliveira, Pedro Costa Gonçalves e João Pacheco de Amorim, *Código do Procedimento Administrativo comentado*, página 276.

[99] Mário Esteves de Oliveira, Pedro Costa Gonçalves e João Pacheco de Amorim, *ob cit*, páginas 276 e 277.

[100] Cfr. *supra* página 71.

não afirmar a totalidade) deste novo modelo de contencioso administrativo.

Deste modo, concede-se legitimidade ao Ministério Público (artigo 68.°, n.° 1, alínea c) do CPTA) que actua em nome do interesse público e dos interesses difusos[101], mas concede-se igualmente legitimidade a uma série de instituições ligadas a direitos assentes na "ausência de radicação jurídica subjectiva: [direitos que] dizem respeito a todos os membros duma determinada colectividade mais ou menos ampla [...]"[102], numa palavra, aos defensores de interesses difusos, como se retira da alínea d) do artigo em causa, através de remissão para o artigo 9.°, n.° 2 do CPTA.

4.2. *Legitimidade passiva (n.° 2): a entidade incumpridora e os contra-interessados*

No âmbito da legitimidade passiva, quanto ao chamamento "da entidade responsável pela omissão ilegal"[103],

---

[101] "Artigo 68.° Legitimidade

1 – Têm legitimidade para pedir a condenação à prática de um acto administrativo legalmente devido: [...]

c) O Ministério Público, quando o dever de praticar o acto resulte directamente da lei e esteja em causa a ofensa de direitos fundamentais, de um interesse público especialmente relevante ou de qualquer dos valores e bens referidos no n.°2 do artigo 9.°;

d) As demais pessoas e entidades mencionadas no n.° 2 do artigo 9.°.

[...]".

[102] Mário Esteves de Oliveira, Pedro Costa Gonçalves e João Pacheco de Amorim, *ob cit*, página 283.

[103] Artigo 68.°, n.° 2 do CPTA.

não se apresenta nenhum comentário que não o de que é lógica a sua convocação para o processo. Porém, algumas notas já merecem ser tecidas a respeito da demanda aos "contra-interessados, a quem a prática do acto omitido possa directamente prejudicar ou que tenham legítimo interesse em que ele não seja praticado e que possam ser identificados em função da relação material em causa ou dos documentos contidos no processo administrativo."[104]

É de louvar uma tal abertura da legitimidade passiva, já que através dela se permite uma correcta composição dos factos, dos interesses e direitos para que a solução do caso concreto seja a mais próxima, quanto possível, da justiça material. Mas há que se fazer notar que o conceito de contra-interessados deve ser restringido apenas aos contra-interessados directos, como forma de delimitar correctamente o universo de participantes no processo, especialmente no caso de se tratar de protecção de interesses difusos, atento que, se todos os contra-interessados fossem admitidos, chegaríamos certamente ao caso em que o processo se tornaria incomportável, para além de que não se poderá esquecer que o meio processual da acção popular permanecerá como o meio mais adequado à protecção deste tipo de direitos que não apresentam "radicação subjectiva"[105].

Apenas mais uma breve nota. A lei apresenta unicamente no seu artigo 68.º, n.º 2 a expressão "omissão ilegal". Como forma de não inutilizar o preceito, deverá proceder-

---

[104] Artigo 68.º, n.º 2 do CPTA.
[105] Expressão de Mário Esteves de Oliveira, Pedro Costa Gonçalves e João Pacheco de Amorim, *ob cit*, página 283.

-se a uma interpretação consentânea com a realidade tratada. Uma vez que a legitimidade passiva é necessária tanto para o caso de omissão por parte do órgão administrativo, como para o caso de recusa por parte do mesmo, devemos entender a expressão indicada como referente ao facto de ambas as atitudes provocarem a inexistência do acto pretendido pelo particular.

5. Prazos para accionar a acção (artigo 69.º do CPTA)

Em termos de prazos para accionar o presente pedido, o legislador distinguiu entre as situações de inércia ou omissão e as que representam uma recusa.

No caso de se tratar de uma actuação omissiva, o particular tem um ano para propor a acção, iniciando-se a contagem a partir do momento em que cessa o prazo legal de decisão para a Administração.

Qual o prazo legal de decisão? O CPA não apresenta no seu artigo 9.º um prazo geral de decisão, como deveria[106]. Devendo considerar-se com esta reforma do contencioso administrativo que tanto o indeferimento como o deferimento tácitos devem ser revogados (podendo inclusivamente sustentar-se uma revogação implícita)[107], urge determinar qual o prazo geral em que a Administração deve decidir. A solução mais consentânea parece ser a de passar

---

[106] Ideia sustentada, a título de exemplo, por Carlos Alberto Cadilha, *loc cit*, página 36.

[107] Como foi defendido *supra* páginas 72 e seguintes.

a considerar o prazo de noventa dias dos indeferimento e deferimento tácitos (artigos 109.º e 108.º do CPA, respectivamente) como o prazo regra no qual a Administração tem o dever de decidir.

De notar, com faz MÁRIO AROSO DE ALMEIDA, que "uma vez expirado o prazo de um ano estabelecido no artigo 69.º, n.º 1, o interessado pode, naturalmente, apresentar de novo o mesmo requerimento. Como não houve anteriormente qualquer decisão, a este requerimento não pode ser oposto o regime do artigo 9.º, n.º 2. A nosso ver, a nova apresentação do mesmo pedido, apoiado nos mesmos fundamentos, não se dirige a constituir de novo o órgão competente no dever de decidir, porque ele ficou constituído nesse dever desde o momento em que o primeiro requerimento foi apresentado e esse dever não se extinguiu, no plano substantivo, com a caducidade, no plano processual, do direito de reacção judicial contra o incumprimento. Ela dirige-se a reabrir a via judicial."[108]

No caso de se tratar de recusa por parte da Administração, então o prazo de propositura é reduzido para três meses, como estabelece o n.º 2 do artigo 69.º, suscitando-se aqui a questão já antes debatida[109] sobre a possibilidade de existir recurso hierárquico (necessário), por via da remissão do n.º 3 para os artigos 59.º e 60.º, ambos do CPTA.

---

[108] Mário Aroso de Almeida, *O novo regime*..., página 178.
[109] Cfr. *supra* páginas 81 e seguintes.

6. Poderes da Administração na pendência do processo: a possibilidade de continuar a agir durante a acção (artigo 70.º do CPTA)

Ao contrário do que se poderia pensar, o legislador, no artigo 70.º do CPTA, permite à Administração a possibilidade de continuar a desempenhar a sua actividade administrativa, relativa ao caso concreto discutido em juízo, durante o tempo em que se desenrola o processo.

Trata-se aqui de situações em que a Administração ofereceu o silêncio ao particular, face ao respectivo requerimento para que ela praticasse um acto administrativo, e, durante a pendência da acção, decide agora dar resposta a esse mesmo requerimento. São duas as decisões possíveis por parte da Administração como prevê a lei: ou indefere expressamente ou pratica um acto, contudo este acto não se apresenta, total ou parcialmente, como elemento que satisfaça a pretensão do particular.

No primeiro caso – indeferimento na pendência do processo –, tem o particular o poder de apresentar no processo novos factos que sirvam como meio de prova, bem como outros fundamentos, que demonstrem que a sua pretensão deve prevalecer (artigo 70.º, n.º 1 e 2 do CPTA). Note-se que não se trata aqui de um caso de ampliação do objecto do processo, mas antes a possibilidade de permitir que toda a evolução da relação jurídica se reflicta no processo, para que a sua resolução seja a mais adequada à composição de interesses[110].

---

[110] Neste sentido, Mário Aroso de Almeida, *O novo regime...*, páginas 179 e 180.

No caso de a Administração, na pendência do processo, introduzir na ordem jurídica um acto administrativo, mas que o particular sente que não satisfaz integral ou parcialmente o seu direito ou interesse legalmente devido, pode este último, nos termos do artigo 70.º, n.ºs 3 e 4 do CPTA, cumular o pedido de impugnação, total ou parcial, do acto em causa com o pedido já existente da condenação à prática de acto devido. Trata-se aqui de uma cumulação superveniente. Assim, surge um caso de alargamento do objecto do processo, uma vez que se introduz a impugnação de actos administrativos e também desse modo se suscita a questão do alargamento do âmbito de análise da relação jurídica administrativa em causa, como forma de tutela da verdade, da legalidade e do dinamismo inerente a ela própria.[111]

A utilidade deste instrumento no pedido de condenação à prática de acto devido, se é certo que se prende com a correcta delimitação e resolução do problema, uma vez que permite a apreciação real e evolutiva da relação jurídica administrativa, também não pode fazer esquecer que se deve questionar a bondade da permissão do legislador. Tal problemática aponta para o facto de, ao iniciar-se o processo, ainda se permitir que o infractor se arrependa e cumpra com o seu dever, como que dando a possibilidade de remissão pelo mal que fez. E mais, está o legislador consciente que o pecador pode resolver cumprir de forma ilegal e por tal abre as portas ao ofendido para que este possa continuar a defender-se de actuações indevidas. Não seria por-

---

[111] Valem aqui as interrogações acerca da coerência da lei suscitadas anteriormente, *supra*, essencialmente, páginas 59 e seguintes.

ventura melhor que a Administração ficasse congelada nos seus poderes de actuação no momento em que a acção lhe é notificada? Não terá já a Administração tido a oportunidade de actuar em conformidade com a lei, sendo esta segunda oportunidade desmerecida e potenciadora de um continuar de omissões, visto saber-se que, durante o processo, se pode actuar para bem ou para mal?

Questionar a possibilidade de a Administração continuar a agir, após ter sido iniciado o processo, surge em virtude de a origem do diferendo judicial ser precisamente a actuação ou a não actuação indevida por parte do ente público. Em face da posição contrária à lei, a Administração deve ser responsável o suficiente para assumir os seus erros e esperar pela repreensão judicial, devendo ter os seus poderes de actuação inactivos no tocante à matéria substantiva do caso em questão. A partir do momento em que se inicia o processo, a consequência natural para todos os intervenientes, incluindo a Administração, será a inibição de actuação. Não só assim o deve exigir a lógica processual como faz todo o sentido, atendendo ao papel e à função do juiz e à tutela jurisdicional efectiva do lesado.

As dúvidas ficam colocadas, as questões suscitadas[112].

---

[112] Mesmo ainda em fase de discussão do projecto, face a norma idêntica, já presente na LPTA, no artigo 51.º, CARLOS ALBERTO CADILHA afirmou que " a propositura de uma acção como forma de reagir contra a inoperância da Administração [...] deve ter como imediata consequência processual a inibição da autoridade administrativa para regular a situação jurídica em causa. Este parece-me ser um aspecto fulcral na protecção jurídica dos administrados contra as omissões administrativas.

A partir do momento em que a Administração não emita a decisão devida ou não a emita no prazo legal, coloca-se numa situação de antiju-

7. Poderes de pronúncia do juiz (artigo 71.º do CPTA)

Tema crucial na criação do retrato legal do pedido de condenação à prática de acto devido é o da delimitação dos poderes de pronúncia do juiz.

A primeira ideia que se deve ter em conta é a de que ao tribunal cabe **o direito e o dever** de, para salvaguardar e defender a ordem jurídica, dar ordens à Administração, tendo como parâmetro o respeito da Lei Fundamental e o espaço que a Constituição e a lei ordinária reservem à Administração. De facto, o pedido de condenação existe porque da violação da Administração resulta a necessidade de "reintegração da legalidade ofendida pelas manifestações ilegais da Administração"[113].

Esta ofensa decorrente de manifestações ilegais resulta de um incumprimento do <u>dever de deferir</u> por parte

---

ridicidade. É esse comportamento antijurídico que legitima o particular lesado a dirigir-se a um tribunal, requerendo a tutela jurisdicional do direito ofendido, pelo que não é aceitável que a entidade administrativa mantenha o poder dispositivo sobre a disciplina substantiva do caso concreto, em termos de poder dificultar a posição processual do demandante. Numa palavra, a violação do dever de decidir, quando justifique a interposição da competente acção, devolve ao juiz a apreciação da pretensão material do administrado e remete a Administração para uma situação de expectativa, sem que isso represente uma qualquer afronta ao princípio da separação dos poderes."Carlos Alberto Cadilha, *loc cit*, página 35.

[113] Expressão de Mário Aroso de Almeida, *Sensibilidade e bom senso (na determinação de actos devidos) – Acs. do STA de 1.3.1995, P.22 833-A, e de 2.12.1997, P.39 281, anotados* in Cadernos de Justiça Administrativa, n.º 29, página 13.

da Administração. Importado da doutrina italiana, como afirma BARBOSA DE MELO[114], este dever de deferir "corresponde às hipóteses em que a deverosidade, inerente aos poderes jurídico-públicos, compreende a necessidade de emanação do acto administrativo requerido (*acto devido*)." Trata-se dos casos em que, "se o pedido respeitar a um direito do interessado que a Administração tem o dever de satisfazer, o órgão deve não apenas decidir mas, mais do que isso, decidir favoravelmente, deferindo o requerimento."[115] Com base nestas considerações essenciais, deve tomar-se, desde logo, como base do pedido de condenação à prática de acto legalmente devido a exclusão da possibilidade de existência de discricionariedade de acção, i.e., aquela discricionariedade que oferece à Administração a possibilidade de optar entre agir e não agir, considerando que "a lei não cria na esfera da entidade decidente um dever de actuação, pelo que a ela compete julgar se é conveniente ou não [...] proferir um acto jurídico [...]"[116]. No âmbito do instituto em estudo, pelo contrário, observa-se a existência de vinculação quanto à oportunidade da actuação[117], ou seja, a Administração não pode escolher entre praticar o acto ou não praticar, uma vez que a lei afirma a obrigatoriedade dessa prática, caso contrário não estaríamos perante um direito ou interesse legítimo do particular à prática desse acto como forma de concretização do direito ou interesse em questão. Declara-se então que a haver algum passo de

---

[114] António Barbosa de Melo, *loc cit*, página 308, nota de rodapé 20.

[115] Bernardo Diniz de Ayala, *O (défice de) controlo judicial da margem de livre decisão administrativa*, página 144.

[116] Bernardo Diniz de Ayala, *ob cit*, página 134.

[117] Mário Aroso de Almeida, *O novo regime...*, página 182.

discricionariedade, será o espaço ocupado pela discricionariedade de escolha.

Do quadro acima delimitado resulta que o juiz, nos seus poderes de pronúncia, terá de lidar com duas situações distintas: uma primeira, onde a actividade da Administração está vinculada, e uma segunda, onde a actuação daquela é percorrida pelo poder de discricionariedade de escolha. Face a cada uma das situações concretas, o tribunal apresenta poderes específicos e distintos. Vejamos

1.º *Actuação Administrativa Vinculada*

Duas são à partida as situações em que se pode afirmar que a entidade pública age vinculadamente: por um lado, os casos em que a lei determina, ela mesma, o conteúdo do acto a praticar obrigatoriamente pela Administração; por outro, aqueles casos em que, apesar de a norma libertar a Administração das malhas da vinculação, concedendo-lhe poderes discricionários quanto ao conteúdo favorável do acto devido, na prática, face ao caso concreto, é certo que apenas uma, e só uma, poderá ser a opção do ente administrativo – a chamada redução da discricionariedade a zero.[118]

Em ambas as situações vinculadas tem o tribunal o poder/dever de indicar qual o conteúdo que terá o acto devido a ser praticado pela Administração (artigo 71.º, n.º 2

---

[118] Este tipo de discricionariedade – a discricionariedade reduzida a zero – resultará "ou porque a escolha já foi realizada, ou porque a avaliação subjectiva já teve lugar no decurso da fase instrutória do procedimento administrativo, ou porque a concreta circunstância do caso elimina a possibilidade de escolha", como informa João Pacheco de Amorim, *loc cit*, página 382.

a contrario). Tal poder em nada fricciona o princípio da separação de poderes, uma vez que o legislador, através do acto normativo, já havia identificado esse mesmo conteúdo, sendo que, se a Administração não obedece aos comandos ditados pela lei, deve ser censurada e chamada à razão, podendo/devendo o juiz, porque está no espaço de actuação vinculada, determinar expressamente qual a orientação e a expressão a ser tomada pela Administração incumpridora na prática do acto administrativo expressamente concretizado.

2.º *Actuação Administrativa Discricionária*

Ao entrarmos no campo em que a entidade administrativa actua de acordo com a discricionariedade de escolha concedida por lei, torna-se claro que o espaço de intervenção do juiz tem de ser menor do que o espaço de intervenção na actuação administrativa vinculada. Aqui os tentáculos do controlo estão limitados, já que o princípio da separação de poderes assim o obriga, como aliás vem expressamente declarado no artigo 3.º do CPTA. Porém, apesar de se proceder a esta limitação, há que não hipertrofiá-la, uma vez que o controlo judicial da actividade administrativa discricionária é imprescindível, mais ainda quando está em causa um direito à emissão de um acto administrativo favorável. "Discricionariedade e controlo judicial não são realidades opostas. O controlo judicial não se opõe ao reconhecimento ou ao exercício de faculdades discricionárias pela Administração; unicamente garante o seu exercício dentro dos limites impostos pelo ordenamento jurídico."[119]

---

[119] Marcos Gómez Puente, *ob cit*, página 149. Tradução nossa.

O modo encontrado pelo legislador para conjugar estas fricções foi o de, permanecendo o poder de apreciação e condenação, os ditames acerca do conteúdo do acto se limitarem apenas à indicação das vinculações a serem atendidas na prática do acto administrativo devido (artigo 71.º, n.º 2 do CPTA). Tal apresenta-se como um processo de limitação pela positiva, i.e., o tribunal especifica quais os elementos vinculados, deixando os restantes à construção dada pela liberdade de escolha a que a Administração tem direito. Trata-se de uma visão próxima da que já acontecia no nosso contencioso administrativo, quando caracterizado pelo contencioso de anulação, onde, ao anular determinado acto de indeferimento, resultava dessa anulação que a Administração deveria retirar todas as conclusões adequadas à regulação do caso concreto, uma vez que, pela negativa, se podia aperceber do que poderia ou não fazer em temos de actuação vinculada. Agora, como afirma MÁRIO AROSO DE ALMEIDA, "trata-se, na verdade, de traduzir para positivo as vinculações que, pela negativa, eram deduzidas das tradicionais sentenças de anulação de actos negativo."[120]

Apesar de haver esta diferença nos poderes de pronúncia do juiz, conforme estejamos perante actos resultantes de uma actividade vinculada ou reflexos de uma actividade discricionária em sede de escolha, o certo é que se encontram, na sentença, elementos comuns às duas situações.

Por um lado, em ambos os casos, verificamos uma censura à Administração, censura essa feita através da condenação do ente administrativo, e, por outro, também em

---

[120] Mário Aroso de Almeida, *O novo regime...*, página 187.

ambas as situações, o juiz está obrigado a proceder a uma apreciação material do caso, ou seja, "o tribunal não se limita a devolver a questão ao órgão administrativo competente [...] mas pronuncia-se sobre a pretensão material do interessado, impondo a prática do acto devido." (artigo 71.º, n.º 1 do CPTA)

Como funciona a sentença? Foi dito que a censura da Administração, pela sua atitude ilegal, é feita através da condenação, mas estará sempre o tribunal habilitado a proceder a uma delimitação correcta da condenação? A resposta é negativa. Tal resposta justifica-se porque casos existirão em que o tribunal não estará perante todos os elementos que envolvem e caracterizam o caso concreto[121]. Os dados fáticos e jurídicos do caso concreto surgem, pois, como limites intrínsecos à sentença de condenação, uma vez que "o tribunal deve verificar se a omissão ou a recusa foram ilegais e, se for caso disso, condenar a Administração a praticar o acto devido [...]. Mas é natural que a tarefa do juiz se encontre mais facilitada quando tenha havido um procedimento e uma decisão formal sobre o mérito da pretensão formulada pelo interessado, pois, em princípio, ele disporá, nesse caso, de elementos que lhe permitirão precisar melhor os contornos da situação e, portanto, proferir uma decisão de conteúdo mais densificado. Caso contrário, sobretudo quando a instrução do procedimento envolva a formulação de apreciações a cargo de organismos especializados da Administração Pública a que o tribunal nem

---

[121] Questão abordada por Mário Aroso de Almeida, *O novo regime...* páginas 184 e 185.

através do recurso a peritos se possa substituir, ele não poderá ir longe na determinação dos parâmetros a observar na emissão do acto devido."[122]

Assim, se o tribunal estiver perante todos os dados relevantes para a correcta decisão, poderá proceder a uma condenação específica, atendendo às particularidades já tratadas anteriormente quanto à actividade vinculada ou discricionária; se faltarem dados, ou a sua inexistência for incomportável para a decisão, uma vez que o juiz não tem meios para os recolher, então, neste caso, o tribunal pronunciará uma condenação genérica, obrigando a Administração a decidir, sendo que este tipo de pronúncia deve surgir sempre como a ultima das possibilidades[123].

Há, todavia, mais uma situação em que se aumenta o número de especificidades da sentença. A recusa liminar expressa de apreciação do requerimento do particular pela Administração. Neste caso, não houve o desenrolar de nenhum procedimento que avaliasse e discutisse o mérito da questão, tendo sido apenas apresentadas pela Administração[124], questões prévias que actuaram como suposta legitimação para a recusa administrativa. Face à não apreciação da pretensão substancial do particular pela Administração, caberá ao tribunal o papel de condenar a entidade administrativa a pronunciar-se sobre o mérito da questão e nada mais, em sequência de ter verificado a "ilegitimidade" das questões prévias apontadas como preclusivas do dever de apreciar o requerimento.

---

[122] Mário Aroso de Almeida, *O novo regime...*, página 185.
[123] Cfr. Mário Aroso de Almeida, *O novo regime...*, página 183.
[124] Mário Aroso de Almeida, *O novo regime...*, página 184.

Parece ainda relevante apontar, em sede dos poderes de pronúncia, o que, em face do seu alargamento com o CPTA, em especial com a condenação à prática de acto devido, assume especial relevância: o papel da especialização dos juízes administrativos.

Se é certo que a formação especializada dos magistrados é essencial para o bom funcionamento da justiça e igualmente é para o aumento da confiança dos cidadãos no Estado de Direito[125], não pode ser obviado que essa formação especializada dos juízes assume contornos primordiais e imprescindíveis no caso do sucesso do pedido de condenação à prática de acto devido. A formação adequada e especializada permite uma melhor apreciação do problema (muitas vezes minado de problemas técnicos), o que favo-

---

[125] Ideia encontrada em Marta Garcia Pérez, *loc cit*, páginas 209 e 210: "Mientras que una judicatura especializada puede administrar una justicia impecable com instrumentos procesales deficientes, unos jueces ineptos, aun rodeados de las máximas garantias de independência, serán incapaces de satisfacer las demandas de Justicia de los ciudadanos frente a las arbitariedades de unas Administraciones públicas cada dia mas complejas y tecnificadas" (citando González Pérez) [...] Mas allá de los problemas generados por el sistema de acceso a la judicatura se encuentran la necesidad de plantearse un sistema de actualización y puesta al dia de los integrantes del Poder Judicial que permita, por un lado, asegurar una actualización periódica de quienes actúan en la Jurisdicción contencioso-administrativa y, por otro lado, mitigar los efectos perniciosos que pudieran derivarse de la incorporación tan frecuente a las Salas de lo contencioso-administrativo de magistrados de outras Salas, sin solución alguna de continuidad. Porque como dijo Meilán, cuidar la formación de los magistrados debería ser preocupación principal de los poderes públicos no solo para lograr la calidad de la justicia, sobre todo en matérias en ocasiones de alta especialización, sino y principalmente para aumentar la confianza de los ciudadanos en el Estado de Derecho."

rece a correcta e eficaz pronúncia de condenação no sentido necessário à correcta composição dos interesses. É evidente que a aposta na formação especializada dos juízes não dispensa de maneira nenhuma o recurso ao apoio técnico dos peritos nos casos de extrema tecnicidade onde os conhecimentos jurídicos por si só não se apresentam como suficientes para uma correcta ponderação dos interesses presente no caso concreto.

8. Efectividade da figura?

Depois de toda a anterior construção dogmática da figura com base na configuração legal que lhe foi dada, resta saber se, no seu quadro legal, o pedido de condenação à prática de acto devido se apresenta como um instituto com força própria e capaz de proteger realmente os particulares. É certo ainda não existirem exemplos da experiência, é certo que vozes se podem erguer para defender que a figura nada mais será do que reflexo institucionalizado do que já existe no nosso contencioso administrativo pela mão de alguns juízes que sugerem certos caminhos a serem trilhados pela Administração. Porém, talvez porque ciente da possibilidade de uma tal crítica e igualmente consciente que a figura só por si não chega para levar a protecção dos particulares a bom porto, o legislador optou pelo complemento do pedido de condenação com outros institutos que conjugados lhe oferecem a promissora visão de que o sucesso pode ser garantido.

Há, porém, que proceder a uma verificação antes de analisar quais os mecanismos de auxílio da figura: a problemática da força executiva na própria fase declarativa.

Poderia ter sido a posição do legislador conceder ao juiz, imediatamente e em sede declarativa, poderes de substituição. De facto, pode afirmar-se que seria proveitoso que, imediatamente na fase declarativa, pudesse o juiz, em face do incumprimento por parte da Administração, substituir--se ao ente público, valendo a sua sentença imediatamente como o acto administrativo omitido ou recusado, resolvendo-se, sem mais arrastamentos, o problema do particular e da ilegalidade administrativa. Poderia, mas não foi essa a opção legislativa contida no CPTA.

No ordenamento jurídico-contencioso português consagrou-se o que podemos denominar como a **possibilidade de arrependimento do condenado**, i.e., apesar de a Administração ter actuado de forma indevida, contrariando a lei, concede-se-lhe a possibilidade de se arrepender e cumprir os seus deveres legais através de uma segunda oportunidade oferecida pelo pedido de condenação à prática de acto devido. Nos termos deste pedido, o tribunal censura a Administração pela sua actuação ilegal, condenando-a à prática do acto devido, deixando essa prática à Administração, não actuando o tribunal imediatamente através de uma sentença substitutiva. A sentença condenatória surge como uma chamada de atenção a que deve obedecer a Administração (não tem, no fundo, verdadeira opção de escolha, já que tem de cumprir). Se não o fizer, estará certa de que o Tribunal não ficará conformado, porquanto o CPTA lhe oferece, como veremos, poderes de substituição. Trata-se de tentar salvaguardar até ao limite a estrita separação de poderes, permitindo à Administração actuar por ela própria no desempenho da função administrativa.

Relativamente aos auxílios criados pela lei para o pedido de condenação à prática de acto legalmente devido, há que distinguir entre o elemento de auxílio na fase declarativa e o instituto na fase executiva.

I) *Auxílio na fase declarativa: a sanção pecuniária compulsória (artigo 66.º, n.º 3 do CPTA)*

Uma das críticas feitas por FREITAS DO AMARAL, na sua tese de doutoramento, relativa ao poder de injunção foi a de que "a única vantagem que as sentenças de condenação possuem sobre as de simples apreciação é a de só elas constituírem título executivo: fora disso, não tem maior eficácia condenar a uma prestação do que declará-la devida."[126] Com o novo CPTA, tal afirmação parece-me ter sido minimizada, visto, no seu artigo 66.º, n.º 3, remetendo para o regime previsto no artigo 169.º do mesmo diploma, prever-se a possibilidade de, logo em fase declarativa, aquando a condenação da Administração, o juiz impor sanção pecuniária compulsória com finalidade preventiva contra o incumprimento administrativo da sentença. Ao se permitir que sobre o(s) titular(es) do(s) órgão(s) incumpridores recaia o dever de "pagamento de uma quantia pecuniária por cada dia de atraso que, para além do prazo limite estabelecido, se possa vir a verificar na execução da sentença" (artigo 169.º, n.º 1 do CPTA), cria-se uma força constrangedora do comportamento administrativo legal muito forte. Contribui-se, desse modo, em muito para a efectividade da condenação à prática de acto devido, já que a identificação

---

[126] Diogo Freitas do Amaral, *A execução...*, página 294.

individual do(s) titulare(s) do(s) órgão(s) determina que quem suporta o encargo resultante da sanção pecuniária compulsória não é o erário público mas sim o património pessoal do(s) titulare(s), o que faz com que estes tenham mais atenção às situações em causa e se sintam mais compelidos a cumprir as obrigações determinadas pela sentença condenatória.

A figura da sanção pecuniária compulsória, de matriz francesa, e que já foi atrás referida[127], foi assim adoptada no ordenamento jurídico português. Porém, com a importante alteração de que as *astreintes* portuguesas recaem sobre o património pessoal do titular do órgão incumpridor e não sobre o património público, o que favorece a maior efectividade da figura, tal como do instituto que pretende assegurar, no nosso caso, a condenação da Administração à prática de acto devido.

II) *Auxílio na fase executiva: o poder de substituição (artigo 167.º, n.º 6 do CPTA)*

A problemática seguidamente tratada surge da situação em que, após uma sentença de condenação, a Administração não cumpre a sua obrigação no prazo determinado para a execução espontânea (três meses, como é estabelecido no artigo 162.º, n.º 1 do CPTA, caso a sentença nada diga em contrário).[128] Numa situação destas, o particular permanece

---

[127] Cfr. *supra* páginas 34 e 35.

[128] Importa atender a que, nos artigos 164.º, n.º 4, alínea c) e 167.º, n.º 6, ambos do CPTA, se refere apenas a acto ilegalmente omitido. Deverá entender-se que a expressão se reporta tanto às situações em que a Administração omitiu como indeferiu a prática de acto devido, já que

carente da concretização do seu direito, para além de que nos encontramos numa situação de desrespeito por parte da Administração face ao poder judicial. Que fazer?

A resposta está no recurso ao instituto da execução para a prestação de factos ou de coisas, regulado nos artigos 162.º a 169.º do CPTA. Inserido, porém, neste instrumento executório, encontramos indicação específica quanto à prática de acto administrativo legalmente devido nos artigos 162.º, n.º 4, alínea c) e 167.º, n.º 6.

A sentença condenatória surge como título executivo, sendo que, como afirma BELTRAN DE FELIPE, "as pretensões e sentenças de condenação hão-de levar necessariamente unidas, no plano processual, meios directos de execução forçosa que assegurem sempre ao titular do direito fundamental da execução a obtenção daquela prestação que o ordenamento, através da sentença, lhe há reconhecido."[129]

Mas, face ao CPTA, não basta que o particular tenha em seu poder uma sentença condenatória. Com efeito, o CPTA só reconhece a possibilidade de requerer a execução forçada no caso de o <u>conteúdo do acto devido ser estritamente vinculado</u>, cabendo neste conceito exactamente as situações que acima foram mencionadas[130].

---

nestes artigos, em sede executiva, o vocábulo omissão refere-se ao facto de a Administração não ter cumprido a sentença de condenação, criando-se dessa forma uma situação de omissão administrativa relativa à condenação jurisdicional.

[129] Miguel Beltran de Felipe, *El poder de sustitucion en la ejecucion de las sentencias condenatórias de la Administración*, página 243. Tradução nossa.

[130] Cfr. *supra* página 95.

PACHECO DE AMORIM[131] identifica, como exemplos de actos de conteúdo vinculado (sob pena de acrescerem naturalmente os casos de discricionariedade reduzida a zero), «os actos de verificação necessária, a saber, as autorizações recognitivas ou declarativas, como é o caso da maioria dos licenciamentos industriais e comerciais, e de uma boa parte dos licenciamentos urbanísticos, e ainda os actos ditos de "verificação constitutiva", tais como as inscrições em ordens profissionais e em escolas públicas, as inscrições em listas eleitorais [...].

Mas não só: poder-se-ão juntar aos actos primeiramente mencionados também os que consubstanciem ainda o exercício de competências estritamente vinculadas no domínio do direito das subvenções, sobretudo em matéria de segurança social. E muitos mais actos existem, noutros domínios, com um carácter estritamente vinculado, i.e., com um conteúdo meramente declarativo."

Em todos os casos de conteúdo vinculado, prevê então o CPTA que o juiz se **substitui** à Administração na prática do acto legalmente devido, produzindo a sentença do tribunal os efeitos do acto legalmente omitido (artigo 167.°, n.° 6 do CPTA).

A consagração da figura da substituição judicial da Administração surge como uma necessidade, atento que, «"quando a Administração se nega a obedecer espontaneamente à coisa julgada, transforma a natureza das suas relações com o juiz" (Chevallier). As mesmas regras que foram quebradas obrigam a uma reacção no ordenamento tendente a restabelecer o equilíbrio rompido, restabelecimento que se

---

[131] João Pacheco de Amorim, *loc cit*, página 382.

traduz em que os tribunais, garantes tanto da integridade do sistema constitucional como da legalidade do actuar administrativo, providenciem a execução forçada da sentença. Porque, efectivamente, os encarregados de velar pela integridade do sistema e pelo retorno ao equilíbrio rompido são os órgãos do poder judicial.»[132] Verifica-se então que a substituição actua com uma dupla função: por um lado, garantir a defesa dos direitos dos particulares, e, por outro, o reequilíbrio dos poderes, uma vez que a Administração, através da sua negação de execução, coloca-se em confronto com o poder judicial, restando a este último a reposição da legalidade e a defesa da autoridade judicial, sendo que esta última função é integrada por completo na função jurisdicional e não coloca em xeque de maneira alguma a separação de poderes. Isto, porque se o juiz, após verificar um incumprimento por parte da Administração, no que toca à sentença judicial anteriormente proferida, se substitui à entidade pública, como forma de reequilibrar a ordem jurídica ferida, deve-se atender que este comportamento judicial não retira qualquer legitimidade ou poder à Administração e muito menos atenta contra a sua posição ou atribuições constitucionais, uma vez que não se pode contemporizar com ideias de que haveria liberdade ou discricionariedade para incumprir uma sentença[133].

Além de ser necessária, a consagração da substituição traz implicações ao nível da qualificação da actividade e das prestações administrativas. Com a substituição termina o mito da infungibilidade da actividade administrativa.

---

[132] Miguel Beltran de Felipe, *ob cit*, página 181. Tradução nossa.
[133] Miguel Beltran de Felipe, *ob cit*, página 321.

Classicamente, porque decorrente da insindicabilidade da Administração, a actividade administrativa classificava-se como infungível, todavia, a realidade demonstra outra coisa, demonstra que a actividade administrativa e as suas prestações se apresentam como fungíveis, e, portanto, substituíveis, quando tal seja necessário[134]. Tal conclusão será retirada do facto que "uma obrigação criada e imposta não pela vontade das partes mas sim directamente pelo ordenamento não poderia ser nunca personalíssima", além de que "o dogma da proibição da substituição não só carece de justificação como impede que os órgãos judiciais cumpram com a sua missão constitucional."[135]

Desta forma o particular verá a sua pretensão satisfeita, posto que por meio de sentença substitutiva.

Ainda, em relação à sentença substitutiva, há que fazer um comentário. O facto de o tribunal deter esta possibilidade não pode, todavia, fazer esquecer que tem de haver uma relação de coerência entre a medida substitutiva e a sentença a executar. No fundo, trata-se de aplicar o princípio da legalidade ao juiz, exigindo que, no uso do poder de substituição, deverá atender à necessidade da medida, à sua razoabilidade e à proporcionalidade. Surgem estas exigências como limite funcional ao poder de substituição[136].

---

[134] Constatação feita por Mário Aroso de Almeida, *O novo regime...*, página 309, e por Miguel Beltran de Felipe, *ob cit*, páginas 281 e 282.

[135] Miguel Beltran de Felipe, *ob cit*, páginas 281 e 108 respectivamente. Tradução nossa.

[136] Miguel Beltran de Felipe, *ob cit*, página 427.

Até aqui falou-se apenas em casos de conteúdo vinculado, e nos casos em que o conteúdo do acto devido se apresenta como discricionário? Que protecção é aqui oferecida, se, depois da condenação e da sanção pecuniária compulsória, a Administração insistir em não executar? O CPTA está em silêncio quanto a estas situações. Deverá permanecer em silêncio? A resposta apresenta-se como negativa, algo terá de se fazer para que, nos casos de conteúdo discricionário, os particulares não vejam perdido o direito que têm. Duas são as soluções possíveis: uma, com base na opcionalidade, nos termos do raciocínio do autor espanhol BELTRAN DE FELIPE; outra, com base na continuidade do deferimento tácito para situações como esta. Vejamos a sua concretização.

1.ª Solução: *A discricionariedade de decisão transformada em opcionalidade*

BELTRAN DE FELIPE, com base na construção doutrinária italiana, ultrapassa o limite substantivo da substituição – a discricionariedade –, afirmando que, no caso de existir discricionariedade de decisão, ela não se revela como uma verdadeira discricionariedade mas sim como um resquício de discricionariedade, principalmente em sede de poderes de substituição, tomando a forma de opcionalidade. Esta transformação da discricionariedade em opcionalidade dá-se com a condenação da Administração. Uma vez condenada, a Administração não pode escolher entre executar ou não executar a sentença, pois sobre ela impende a obrigação de execução, para lá de que "a existência de um direito subjectivo a um determinado comportamento elimina qualquer possibilidade de considerar a actividade do sujeito obrigado como inteiramente discricionária."[137] Revela-se, assim, a existência de uma obrigação de resultado para a Administração que tem de satisfazer o direito do cidadão.

Deste raciocínio retirar-se-ia existir afinal a vinculação e, por isso, permitir-se-ia a substituição. Por um lado, com a passagem do prazo para o cumprimento espontâneo, a Administração perderia a opcionalidade, perderia a liberdade de escolha e passaria a campo vinculado, actuando o incumprimento como condição resolutiva; e, por outro, tendo o incumprimento administrativo colocado em causa o equilíbrio de poderes, deverá o tribunal estar autorizado a reequilibrar o sistema em nome da correcta concretização constitucional.

Através desta posição, assumiria acrescida relevância tanto a especialização do juiz como o apoio ao tribunal de técnicos e peritos e ainda o dever de todas as entidades públicas colaborarem com o tribunal (artigo 167.º, n.º 4 do CPTA).

2.ª Solução: *A perpetuação do deferimento tácito*[138]

Não se aceitando a posição anterior, porque não se pretende ultrapassar a visão clássica dos limites que a discricionariedade impõe ao poder judicial e porque seria demasiado forçado passar de um sistema de justiça em que "pouco se podia" para um sistema em que "tudo se pode",

---

[137] Miguel Beltran de Felipe, *ob cit*, página 289. Tradução nossa.

[138] De alguma maneira é uma posição que é adaptada da posição espelhada por António Cândido Oliveira, *O "silêncio" e a "última palavra" da Administração Pública* in Cadernos de Justiça Administrativa, n.º19, página 21.

além de que seria negar a clara impressão digital administrativa, resta talvez apelar ao deferimento tácito como resquício último da protecção jurisdicional dos particulares.

Em casos de discricionariedade de escolha, não executando a Administração a sentença (nem mesmo com a pressão da sanção pecuniária compulsória), e não podendo o particular ficar eternamente à espera que a Administração dê corpo à condenação feita pelo tribunal, poderia actuar o instituto do deferimento tácito, oferecendo dessa forma a concretização do direito ao particular. Tratar-se-ia de uma forma intermédia de protecção entre, por um lado, o nada fazer e esperar que a sanção pecuniária compulsória despertasse a Administração para a acção e, por outro, a admissão do poder de substituição. A sua construção poderia passar por uma de duas visões. Uma primeira, mais onerosa para o particular, em que, decorrido o prazo de execução espontânea e não tendo a Administração cumprido a sentença, o mesmo particular dirigir-se-ia ao tribunal alegando o incumprimento da sentença de condenação e requerendo uma sentença declarativa do incumprimento por parte da Administração, actuando esta como o elemento corpóreo de protecção justificativo do deferimento tácito. Mas esta opção traria encargos indesejáveis para o particular, além de que libertaria o infractor – a Administração – da pressão e obrigações inerentes. Assim, uma segunda construção da efectivação do deferimento tácito seria possível. Cria-se um dever para a Administração de notificar a execução da sentença ao tribunal, e, se passado o prazo para a execução espontânea, a Administração não tiver notificado o tribunal, este emitiria uma sentença que valeria como título do deferimento tácito e que actuaria como protecção do particular e do seu direito.

Não é a solução ideal, mas talvez a possível neste âmbito. É claro que muitos dos inconvenientes, se não mesmo todos, do deferimento tácito apontados anteriormente permaneceriam na situação, mas seria preferível deixar desprotegido o cidadão? Tal seria perpetuar a arbitrariedade da actuação administrativa e quase legitimá-la, uma vez que, como diz a sabedoria popular, "quem cala consente". E é igualmente verdade que o facto de a Administração saber que, no caso de discricionariedade de escolha, se nada fizer para executar a sentença, o particular terá na mesma a resposta, poderá ser considerado como incentivo a permanecer na sombra da execução. Porém, contra esta atitude, poderá, em parte, apelar-se ao papel da sanção pecuniária compulsória que não deverá cessar enquanto não houver execução, o que claramente apresenta um limite ao incumprimento do faltoso, já que o património pessoal é possível de esgotamento e a liquidação se daria de três em três meses, como nos diz o artigo 169.º, n.º 5 do CPTA.

Pode até ser que a sanção pecuniária compulsória seja suficiente para este tipo de casos de incumprimento (artigo 169.º, n.º 2 do CPTA), mas, no caso de não o ser, não se pode permanecer no silêncio, porque o particular tem de ver o seu direito concretizado e porque o poder judicial não pode ser menosprezado por vontades ilegais.

CAPÍTULO III

**PROBLEMAS JURÍDICOS SUSCITADOS
PELA CONDENAÇÃO À PRÁTICA
DE ACTO DEVIDO: REFLEXÃO
SOBRE O PRINCÍPIO DA SEPARAÇÃO
DE PODERES APLICADO À FIGURA**

A. NECESSIDADE DE REFORMULAÇÃO DO PRINCÍPIO DA SEPARAÇÃO DE PODERES: A NOÇÃO DE INTERDEPENDÊNCIA DE PODERES NA RELAÇÃO PODER EXECUTIVO/PODER JUDICIAL. A CONCRETIZAÇÃO DO ESTADO SOCIAL DEMOCRÁTICO

Falar-se do pedido de condenação à prática de acto devido apresenta a necessidade de pensar, no plano das ideias, no princípio da separação dos poderes, porquanto da interpretação que se der a este princípio resulta a possibilidade e a intensidade do controlo do poder judicial sobre o poder executivo, personificado este último na Administração Pública, elemento activo e actuante. Em virtude de o tipo de controlo judicial depender da interpretação do princípio em causa, é essencial discorrer sobre este pilar da democracia e do Estado de Direito.

O primeiro aspecto a ter em consideração prende-se com a recusa de um conceito clássico do princípio da separação de poderes, símbolo do estático e do imutável. A visão tradicional da separação de poderes surge na actualidade como uma visão idosa e arcaica de relações demasiado nítidas entre os vários poderes. Numa sociedade, como a de hoje, onde a diversidade, o pluralismo, a heterogeneidade, o pragmatismo e o dinamismo imperam, urge renovar o âmbito interpretativo, e quiçá até substancial, do princípio. A sua necessidade mantém-se, talvez ainda mais premente do que na época em que esse princípio foi criado, mas há que reconfigurá-lo de modo a adaptá-lo ao quadro impressionista que é hoje a sociedade. Não pode ser ignorado o facto de crescentemente a sociedade exigir mais aos três clássicos poderes. A nova ordem social força o repensar a organização e as funções dos poderes, já que "o Estado de Direito [sofre] a pressão de grupos sociais portadores de interesses divergentes e/ou contrastantes, a pugnarem para que ele aceite o papel que lhe destinaram de ser agente da concepção de organização social de que eles são portadores."[139]

Porque cada vez mais são múltiplas as exigências, porque cada vez mais, para satisfazer essas exigências, mais amplas são as funções e as actuações dos poderes públicos, porque cada vez mais se apela à entreajuda entre os vários poderes de modo a efectivamente concretizar os papeis respectivos como forma de satisfazer as exigências ditadas pelo "poder social", o quadro tradicional de separação de poderes passa a dever ser interpretado como interdependência.

Deste apelo à interdependência resulta que "mais do que princípio de especialização de funções, a separação de poderes é um elemento de repartição e de limitação e controlo do poder."[140]

Necessariamente esta visão implica afectar as relações entre poder judicial e poder executivo, uma vez que da

---

[139] Fernando Paulo da Silva Suordem, *O princípio da separação de poderes e os novos movimentos sociais*, página 31.

[140] Fernando Paulo da Silva Suordem, *ob cit*, página 65.

demarcação a que se proceder entre o que é administrar e o que é julgar, e do que se entender serem as respectivas naturezas jurídicas, certamente se verificará a influência dessas pré-compreensões na apresentação da natureza, âmbito e função do procedimento administrativo e do processo judicial/jurisdicional[141], permitindo, como afirmam GARCÍA DE ENTERRÍA E T.-R. FERNÁNDEZ, «que a actividade materialmente administrativa de órgãos ou poderes que não são a Administração [não rompa] o esquema de diferenciação funcional entre os poderes porque se trata de competências instrumentais ao serviço da função essencial que a Constituição outorga a cada "poder".»[142]

O presente discurso apela necessariamente à ideia de flexibilidade e de inter-relação, dando-nos o caminho aberto para justificar a presença de poderes de condenação e poderes de substituição no âmbito dos poderes de pronúncia do juiz, dado que, se a função oferecida pela Constituição à Administração não é atendida, nem exercida, então, visto não se poder prescindir dessa mesma função e como os poderes se relacionam entre si, colmatando as falhas de uns por outros, através de institutos de controlo imprescindíveis à concretização das tarefas constitucionalmente impostas, então, em nome dessa interdependência de poderes que supõe o respectivo cruzamento, pode o tribunal condenar a Administração sem que para isso incorra em violação do princípio da separação de poderes, uma vez que a visão clássica, onde cada poder é estático e permanece

---

[141] Fernando Paulo da Silva Suordem, *ob cit*, página 36.

[142] Garcia de Enterría e T.-R. Fernández citados por Miguel Beltran de Felipe, *ob cit*, página 166.

fechado no seu espaço individual de acção, não representa sequer um reflexo da realidade que hoje caracteriza o relacionamento entre poderes.

Projecta-se sobre a dogmática do contencioso administrativo o problema substantivo que afecta o relacionamento entre a Sociedade e a Administração, fruto, por um lado, da crescente consciencialização social e exigências inerentes a esse processo, e, por outro, de todo o processo desencadeado pelas transformações intrínsecas dos entes administrativos.[143] Trata-se de admitir, como o faz FERNANDO SUORDEM, que, assentando o modelo liberal de Administração num jogo de equilíbrio, esse equilíbrio cedeu à pressão que a nova realidade social impôs à organização e ao funcionamento administrativo[144]. Agora observamos, como afirma o autor, uma inversão das relações de subordinação, não se vislumbrando a nítida delimitação que a separação

---

[143] Fernando Paulo da Silva Suordem, *ob cit*, página 79.

[144] O modelo ocidental/liberal de Administração assentava num jogo de equilíbrio baseado em alguns elementos chave do tratamento da questão. Classicamente o pressuposto e a exigência do sistema administrativo era a demarcação nítida entre o Estado e a Sociedade Civil, facto que hoje em dia não se observa, uma vez que a força daquela última faz com que as opções do primeiro tenham de ser, antes de mais, reflexo das exigências que a voz social exige. No modelo anterior ao actual, os limites à intervenção do Estado no domínio económico e político assumiam--se como essenciais, tal como a realidade revelava a existência de um princípio da separação entre as instâncias administrativas face a outras, sendo que a estruturação administrativa se impunha como burocrática-monocrática e assentava na nitidez do princípio da hierarquia e subordinação. Basta uma análise realista da realidade actual para se compreender que os parâmetros tradicionais de uma Administração modelo ocidental já não surgem conforme os indicadores apresentados por Fernando Paulo da Silva Suordem, *ob cit*, páginas 75 e seguintes.

anteriormente demonstrava. Crescentemente deparamos com o fenómeno da segmentação que conduz à especialização dos serviços com associação aos parceiros sociais, permitindo a influência dos grupos económicos e sociais no modo como e para quê se administra, não podendo excluir o nascimento do paradoxo gerado pela politização administrativa e simultaneamente pela intenção autonomizadora face ao poder político dessa mesma Administração, passando pela criação do "pouvoir d'expertise" que representam agora as instituições inferiores[145]. Desta nova caracterização administrativa nasce um novo modelo de Administração que implica a adaptação do princípio da separação de poderes e uma nova forma de encarar a Administração e o seu controlo.

Se a visão do problema for feita de uma perspectiva mais elevada, veremos que a questão da reformulação do princípio da separação de poderes com as suas implicações no controlo da Administração e, portanto, nos poderes de condenação e subsequente substituição, acompanha o tão actual problema da crise da democracia, sendo revelador o tratamento feito por GARCÍA DE ENTERRÍA[146].

A chamada crise da democracia afecta, como afirma este autor, a confiança (o conceito de *trust* do direito inglês) do povo na instituição democrática e nos seus representantes e actuantes, como é revelado pelo crescente partidarismo dos organismos públicos e pelos constantes escân-

---

[145] Fernando Paulo da Silva Suordem, *ob cit*, páginas 75 e seguintes.
[146] Eduardo García de Enterría, *Democracia, Jueces y control de la Administración*, em especial Parte Primera Democracia y Justicia Administrativa, páginas 31 a 163.

dalos de corrupção. Em face desta crise, a solução passa por reforçar e, em alguns casos, fazer renascer a tão desejada confiança. Neste processo imprescindível e necessário assume especial relevância a Administração Pública, dado que esta surge como instituição que directamente contacta com os cidadãos e de que estes dependem muitas das vezes para a concretização dos seus direitos (Administração Prestadora). Assim, parece-me que a reformulação da Administração, enquanto solução, passará por uma actuação a dois níveis: por um lado, uma actuação no plano interno administrativo, onde se apela ao (re)nascimento da ética, da moral, da boa fé na actuação administrativa e, por outro lado, uma actuação no plano externo, nas relações entre o poder administrativo e o poder judicial, onde se exige o reforço do controlo judicial através do alargamento dos poderes do juiz. São estes os problemas que procuraremos analisar de seguida.

B. UM NOVO TIPO DE ADMINISTRAÇÃO: ADMINISTRAÇÃO ACTIVA E CUMPRIDORA

– **A intervenção no plano interno administrativo**

A reconstrução da Administração Pública é uma necessidade, como foi afirmado. Essa necessidade nasce das crescentes solicitações de uma sociedade de massas, multifacetada e complexamente exigente, que apela ao aumento de funções, ao aumento do dinamismo e da elasticidade, bem como ao aumento da protecção dos particulares face a essas mesmas exigências. Mas essa necessidade nasce também do facto de a legitimação política do Estado Social depender, igualmente, de uma eficaz acção e realização dos seus objectivos. Eficácia essa que, apesar de encontrar um forte incentivo no trabalho do legislador, só será alcançada se a actividade administrativa for desempenhada com zelo e eficiência.[147]

Mas apelar a um novo tipo de Administração Pública não basta. Há que caracterizá-lo, há que responder à pergunta: que novo tipo de Administração é necessário?

---

[147] Marcos Gómez Puente, *ob cit*, página 44.

O modelo contemporâneo de Administração deverá assentar na absorção da moralidade/ética[148] privada por parte das entidades administrativas, revelando a nítida influência que a "ética privada" tem na "ética pública"[149]. Este banho de ética é devido pelo papel que a Administração tem na sociedade. Ela não só reforça a confiança nas instituições, caso desempenhe a sua função eficiente e qualificadamente, como, face à crise da moral na sociedade civil, pode surgir como instituição educativa e influenciadora do processo de redimensionamento da ética na sociedade como um todo, porque "[...] a Administração é a que, na sua ininterrupta e geral actividade próxima do cidadão, pode exercer uma maior influência. Pode contribuir para a urgente tarefa de renovação humana com o seu exemplo e assumindo o exercício de funções cuja finalidade é precisamente a moralidade. Ética na Administração e Ética como fim da Administração."[150] Revela-se, portanto, a relação biunívoca entre Administração e Sociedade ética.

Ao longo da criação doutrinária, legal e jurisprudencial do Direito Administrativo, a ética administrativa esteve pre-

---

[148] Apesar de serem conceitos que, algumas vezes, em vários campos do saber, produzem tratamento diferenciado pelos autores, no presente trabalho serão tratados como sinónimos, à semelhança das obras analisadas sobre a questão aqui em debate, em que não se encontra qualquer diferenciação substancial.

[149] JESÚS GONZÁLEZ PÉREZ, parafraseando RODRÍGEZ ARANA, assume a ética pública "não como algo distinto da ética privada, mas como projecção no âmbito público dos princípios éticos comuns". Jesús González Pérez, *La ética en la Administración publica*, página 27. Tradução nossa.

[150] Jesús González Pérez, *ob cit*, página 28.

sente através do **dever de boa administração**, construção feita com base no princípio da legalidade. Daí que esse dever tenha sido incorporado, na sua génese, em vários ordenamentos jurídicos e posições doutrinais. HAURIOU surge como criador, afirmando que a boa administração "trata-se de uma noção *puramente objectivista* que o juiz administrativo aprecia soberanamente, segundo as circunstâncias, o meio, o momento. É equivalente à noção comum de *boa--fé* no tráfego jurídico privado a que se refere o legislador alemão. O Conselho de Estado parte da ideia de que a Administração está vinculada por uma certa *moralidade objectiva*; a Administração tem uma função a cumprir, mas enquanto os *motivos* que a impulsionaram não são conformes aos fins gerais dessa função, o Conselho de Estado os declara ilícitos. [...] Na sua origem, a ideia de *moralidade administrativa* cumpriu função específica no ordenamento jurídico, qual seja, a de possibilitar – por elementos que *se quiseram objectivos*, os quais foram traduzidos pela ideia de *boa administração* – fossem perscrutados os elementos *subjectivos* do agir do agente administrativo."[151] Ao dever de boa administração corresponderia, assim, uma noção subjectiva equivalente à boa fé no direito privado, sendo, enquanto moralidade objectiva, o cumprimento da função através do respeito dos fins da actuação e do impulso dessa mesma actuação.

Conceito apresentado. Mas para que servia/serve?

---

[151] Hauriou, Revue Trimestrielle de Droit Civil 3/576, citado por José Guilherme Giacomuzzi, *A moralidade administrativa e a boa fé da Administração Pública*, páginas 68 e 69.

A função imediatamente indicada pela doutrina é a <u>função de habilitação</u> do controlo judicial, i.e., através da moralidade administrativa assim encarada são obtidos os critérios de vinculação que possibilitam o controlo por parte dos tribunais.

A corporização desta função deu-se com a incorporação da figura no desvio de poder, através da actividade do Conselho de Estado, apesar de discípulos de Hauriou procurarem autonomizar a figura com base na definição dada por este de que a moralidade administrativa seria "o conjunto de regras de conduta tiradas da disciplina interior da administração."[152]

Quais as repercussões dentro da Administração do princípio da moralidade? A pergunta impõe-se já que, como MENEZES CORDEIRO afirma, o simples facto de se apelar a conceitos metajurídicos, como o conceito de moral ou de direito natural, não significa revelar os critérios materiais necessários para decidir, surge, quanto muito, como uma contextualização do que se pretende, i.e., uma primeira abordagem da questão [153].

A resposta estará associada ao tipo de comportamentos e mentalidade exteriorizada pela Administração. A moralidade administrativa "exige da administração pública comportamentos compatíveis com o interesse público que lhe incumbe tutelar e voltados para os ideais expressos nitidamente na [...] Constituição"[154]. A moralidade administrativa deve surgir, como afirma ROGÉRIO LIMA[155], na inten-

---

[152] José Guilherme Giacomuzzi, *ob cit*, página 84.
[153] António Menezes Cordeiro, *Da boa fé no Direito Civil*, citado por José Guilherme Giacomuzzi, *ob cit*, página 74.
[154] Rogério Medeiros Garcia Lima, *ob cit*, página 129.
[155] Rogério Medeiros Garcia Lima, *ob cit*, página 129.

ção do agente administrativo, no objecto do acto e na interpretação que é feita da lei pela Administração para aplicar ao caso concreto. Cabe ainda alargar o âmbito desta última afirmação: há que não cingir apenas a moralidade ao objecto acto administrativo, mas considerar mais amplamente a relação jurídica administrativa, apresentando o dinamismo desta também na recepção da ética pública, para além de que, em geral, deve considerar-se a presença desta ética na generalidade da actividade administrativa.[156]

Apresentada ficou a função habilitação da ética administrativa. Será a única? Tradicionalmente mais nenhuma é apresentada. Todavia, parece que, face às novas exigências da sociedade e à mudança que é esperada e simultaneamente exigida para a Administração, uma segunda função surge em consequência da primeira. Representa a função de demonstrar o dever de a Administração agir eticamente.

---

[156] JESUS GONZÁLEZ PÉREZ afirma que as exigências éticas da Administração são visíveis, quanto aos sujeitos, ao objecto e à actividade. Quanto aos sujeitos, exige-se que detenham deveres pessoais de honradez e exemplaridade na sua actuação, tal como procedam à cooperação intra e inter servidores públicos e demonstrem respeito na relação com o administrado, tendo a consciência de que, a par do interesse público, é o particular o centro da actuação administrativa. No que toca ao objecto, a moralidade revela-se na presença do interesse público e na apresentação de um trabalho bem realizado, havendo a preocupação do aperfeiçoamento da técnica em direcção ao óptimo. Finalmente, na área da actividade, o comando da resolução dos casos e do desenvolvimento da actividade em tempo razoável e não excessivo revela a necessidade de aumentar a produtividade do trabalho nos serviços públicos, não podendo o argumento da falta de meios actuar como contínuo entorpecer da busca da qualidade no desenvolvimento da actividade administrativa. Jesus González Pérez, *ob cit*, páginas 34 a 64.

Não se trata de uma versão inovadora, trata-se antes de olhar a primeira função não do lado do controlo mas do lado interior da Administração como forma de **criar a consciência ética administrativa pelo dever-ser e não pelo ter-de-ser**. Independente do possível controlo judicial, a ética administrativa radica aqui numa mudança de mentalidades que tem de partir do interior da Administração.

A intenção é aqui a de criar e enraizar uma Administração credível não com base na premissa que se tem de agir bem, porque, caso contrário, virá o tribunal «deteriorar» a actuação administrativa, colocando-a em causa, mas sim assente no contínuo incentivo à renovação social e no gosto por cumprir com o seu papel constitucional num Estado Social de Direito, onde se administra de acordo com o princípio do respeito pela dignidade humana, permitindo a correcta articulação e funcionamento do princípio com o poder executivo. Pretende-se que se **administre bem porque se deve e não porque se teme**.

Para se alcançar um tal estádio de mentalidade administrativa, fundado na consciência ética, há que, principalmente com uma Administração como a portuguesa, apostar num primeiro momento na criação de um temor. Apresenta-se então a condenação da Administração à prática de acto devido como uma importante impulsionadora da máquina administrativa, ensinando-a a cumprir porque o deve fazer.

C. UM NOVO TIPO DE JUIZ ADMINISTRATIVO: A (RE)CONFIGURAÇÃO DOS PODERES DE CONTROLO

- **A intervenção reformadora no plano externo das relações entre o poder judicial e o poder executivo/administrativo**

Numa área como o contencioso administrativo onde a garantia dos particulares assume posição cimeira, a forma mais segura de os garantir será pela afirmação da **imprescindibilidade do poder judicial e das suas funções de controlo**. Trata-se de conseguir também, através desse poder, a efectivação das solicitações concretizadoras do Estado de Direito, associado a uma crescente exigência de um maior dinamismo por parte do poder jurisdicional.

Face à complexização do fenómeno administrativo, um dos seus reflexos é a crescente dependência dos particulares perante a Administração para a realização dos seus direitos. Considerando este fenómeno compreende-se a importante função que o controlo judicial representa para os tribunais e particulares. É através deste controlo que os particulares asseguram a sua protecção, visto que, não obstante se procurar incentivar a mudança interna na Administração, e mesmo depois de operada essa mudança de mentalidades e de funcionamento, permanecerão casos em que continuará a dar-se o desencontro de posições entre o particular e a Administração, além de que, na lógica constitucional da interdependência de poderes e da correcta utilização destes, terá sempre de haver controlo de verificação dessa utilização. Trata-se de recorrer ao Estado de Direito e ouvir os seus apelos, dado que, encará-lo como um Estado de Justiça material, implica uma atitude dinâmica por parte do poder judicial, como meio de assegurar a efectividade, pela Administração, dos direitos e interesses legalmente protegidos dos cidadãos[157].

Se a presente verificação da imprescindibilidade do poder judicial determina a necessidade dos seus poderes de controlo, esses poderes de controlo são aumentados pela queda da ideia da insindicabilidade da actividade administrativa. Cada vez menos são os espaços do desempenho administrativo que ficam fora do controlo judicial. E se é verdade ser a discricionariedade o limite desses poderes de controlo, também é de relevar a certeza de que nem todo o espaço discricionário está livre da missão jurisdicional, como mais adiante veremos. A causa deste avanço dos poderes de controlo radica na queda dos dogmas que alimentavam a ideia de imunidade administrativa[158], tal como

---

[157] António Francisco de Sousa, *O controlo jurisdicional da discricionariedade e das decisões de valoração e prognose* in Reforma do Contencioso Administrativo, Trabalhos Preparatórios, O Debate Universitário, Volume I, páginas 316 e 317.

[158] GÓMEZ PUENTE (*ob cit*, página 52) apresenta as razões que geraram e alimentaram essa imunidade como:
- o dogma clássico da separação de poderes;
- a capa da discricionariedade (que no fundo escondia a arbitrariedade);

na voz que representa a Constituição com os seus comandos crescentemente garantísiticos que apelam ao reforço do poder judicial através dos poderes de controlo sobre a Administração.

Com um tal espaço dedicado aos juízes administrativos, há que reconhecer a **(re)afirmação da função dinâmica** que deve ser por eles desempenhada no longo caminho da plenitude do controlo jurisdicional. Tal (re)afirmação passará, como indica GÓMEZ PUENTE[159], por uma revisão do conteúdo substantivo da função judicial e por uma ampliação dos poderes de pronúncia, para lá de, em ambas, se reconhecer o papel de integrador/criador ao juiz.

No plano da revisão do conteúdo substantivo da função judicial, importa reter sempre a ideia de que o recurso aos tribunais é a forma de garantia mais eficaz do respeito da Lei e do Direito.[160] Mas acresce a ideia actual, como afirma

- a perda de conteúdo substantivo por parte das leis leva apenas à consagração de objectivos para a Administração, deixando espaço para a incerteza e para a falta de critérios para fiscalizar;
- a centralidade do acto administrativo no procedimento e no processo administrativo;
- a fuga para o direito privado.

[159] Marcos Gómez Puente, *ob cit*, página 72.
[160] "A possibilidade de citar, perante um tribunal, a Administração e os seus agentes para os submeter, no processo, à necessidade de que aceitem a observância da lei e do direito, que a Constituição lhes impõe, a racionalidade social e ética para a sua actuação longe de opor-se ao princípio democrático, constitui um dos instrumentos mais eficazes e inclusivamente imprescindíveis para a sustentação daquele princípio." Eduardo García de Enterría, *ob c*it, páginas 111 e 112. Tradução nossa.

TOMAS R. FERNÁNDEZ, que " julgar a Administração contribui [também] para administrar melhor, porque exigir uma justificação concreta das soluções em cada caso tomadas pela Administração obriga-a a analisar com mais cuidado as várias alternativas disponíveis, a valorar de forma mais serena e objectiva as vantagens e inconvenientes de cada uma delas e a pesar e medir melhor as respectivas consequências e efeitos, prevenindo as autoridades dos perigos da improvisação, da lentidão, do voluntarismo, do amor--próprio dos seus agentes, da arbitrariedade e de outros riscos menos desculpáveis que estes, mas não menos frequentes na nossa realidade quotidiana, de ontem e de hoje."[161] Todavia há que proceder à lembrança que, face aos seus poderes, o juiz não se apresenta como ser sobrenatural face aos particulares, visto actuar como elemento que procura efectivar a garantia dos direitos destes particulares em torno da consistência do interesse público.

O conteúdo substantivo da função judicial deve apresentar-se, assim, como símbolo de garantia de imparcialidade, de rigor e consistência, procurando garantir, como consequência de comando constitucional, a posição jurídica dos particulares carente de tutela, conjugando os interesses públicos que têm naturalmente de ser salvaguardados, aprimorando a sua função pedagógica face à Administração, inserida no âmbito de uma interdependência de poderes.

Em termos de ampliação dos poderes de pronúncia do juiz administrativo, importa referir especialmente os poderes de condenação e os consequentes poderes de substituição. A afirmação da importância na consagração deste tipo

---

[161] Tomás R. Fernández, *loc cit*, página 526. Tradução nossa.

de poderes foi já abordada no I Capítulo deste trabalho[162], mas importa ainda discorrer, em sede da problemática da reconstrução do princípio de separação de poderes, sobre alguns aspectos relativos à sua validade e viabilidade face a este princípio.

Da conjugação dos poderes de condenação e dos poderes de substituição nasce a conclusão de que estes se apresentam em relação de complementaridade e actuam em sintonia no sentido de defesa da legalidade, porquanto assegurar o efectivo respeito pela legalidade, em termos jurisdicionais, dependerá, em primeira linha, da viabilidade das sentenças condenatórias contra a Administração e, num segundo momento, caso estas não sejam executadas voluntariamente pela Administração, da possibilidade, da força e da eficácia de um processo de execução forçada[163]. Verificamos, assim, nascerem estes poderes unidos em busca da concretização de uma mesma função, a de garantir um contencioso administrativo equitativo e equilibrado, inserido num quadro dogmático de interdependência e não de separação absoluta de poderes.

Mas há a apontar que o facto de o tribunal se apresentar com um tal instrumento de ataque à Administração pode levantar a questão de que, com o emprego dos respectivos poderes, se verifica uma ingerência jurisdicional no que se apelida função administrativa. A maior desconfiança viria mais do poder de substituição do que do poder de condenação, já que, no enquadramento legal que foi dado em Portugal aos dois, este último ainda permite a actuação da Administração para a prática do acto devido, enquanto que

---

[162] Cfr. *supra* páginas 17 e seguintes.
[163] Marcos Gómez Puente, *ob cit*, página 161. Tradução nossa.

no poder de substituição é o próprio tribunal que produz uma sentença que encerra o valor do acto não praticado mas que é legalmente devido. Isto trará uma certa desconfiança, uma vez que se poderia afirmar a existência de uma "administrativização judicial". Parecem, no entanto, críticas que falham o alvo.

A ausência de problemas quanto à existência do poder de substituição radica no facto de este poder de pronúncia do juiz administrativo surgir como exigência do princípio da separação de poderes, sendo que o papel deste princípio face ao poder de substituição passa pela limitação e não pela recusa da sua existência.[164] Simultaneamente deve considerar-se que o mesmo poder de substituição apresenta-se como instrumento do Estado de Direito assente na Administração Prestadora, actuando "como possível meio concretizador da eficiência de uma Administração de bem-estar e instrumento de tutela de posições jurídicas subjectivas lesadas por acções ou omissões dos poderes públicos."[165]

---

[164] O princípio da separação de poderes "não afecta a existência do poder de substituição mas sim a sua intensidade ou alcance. [...] O poder judicial de substituição é consequência obrigatória do equilíbrio funcional em que se encontram os poderes do Estado. Equilíbrio que se altera quando a Administração não cumpre as suas obrigações e a que corresponde restaurar aos órgãos judiciais, entre cujos poderes ordinários, também face aos particulares, se dá o substituir da vontade de quem não atende às suas obrigações. **O juiz, portanto, não se sub-roga na função administrativa, exerce sim a sua função jurisdicional.**" Marcos Gómez Puente, *ob cit*, página 165. Tradução e sublinhado nossos.

[165] Paulo Otero, *O poder de substituição em Direito Administrativo*, página 111. Apesar de o autor fazer esta afirmação a propósito da substituição dentro da Administração Pública, penso que se poderá estender o sentido a qualquer tipo de substituição, e, em especial, à judicial.

Se o sistema tal como está construído permite o poder de substituição, sem ferir qualquer dos parâmetros constitucionais consagrados, premiando, pelo contrário, a sua existência, o silogismo lógico de que "se se permite o mais, então permite-se o menos" deverá ser aqui aplicado e secundar, para o poder de condenação, todas as afirmações feitas a propósito do poder de substituição demonstrando-se desta forma a vitalidade do poder de condenação no contencioso administrativo que respeita a separação de poderes e concretiza os seus comandos vitais.

Na (re)construção das relações externas entre a Administração e o poder judicial costuma apresentar-se um problema: **o perigo do activismo judicial**. É a velha questão de quem controla o poder controlador.

É verdade ser esse um risco existente, mais ainda quando se menciona a ampliação dos poderes de pronúncia, uma vez que dessa ampliação resulta o controlo judicial acrescido, e se assume o papel de protagonista do juiz em termos de "densificação e concretização da generalidade do Direito."[166] Tal como é também verdade que, como nos diz PAULO OTERO, «a hipervalorização do papel do juiz levaria à "perversão do Estado de Direito em Estado Judicial", regressando-se, assim, a uma fase de indiferenciação entre a função judicial e as restantes funções do Estado, *maxime* a função administrativa.»[167] Mas cingir a discussão a este ponto é insuficiente. É verdade haver uma possível ameaça de activismo judicial face à extensão de poderes de pronúncia, porém tal ameaça apenas potencial não pode

---

[166] Expressão de Paulo Otero, *ob cit*, página 45.
[167] Paulo Otero, *ob cit*, página 47.

fazer abdicar do esforço de construir um sistema judicial de controlo da Administração que garanta o respeito pela legalidade e pelos direitos e interesses protegidos dos particulares, acrescendo ainda que a extensão desses poderes nasce de comandos constitucionais com a precisa intenção de equilibrar a balança da actuação de poderes.

Outro factor que diminui a acuidade da discussão é o facto de o activismo judicial só fazer sentido ser colocado enquanto problema depois de se atingir o "funcionamento óptimo" da Administração relativamente ao respeito pelos direitos dos particulares e de os tribunais darem mostra de que se arrogavam exorbitantemente dos seus poderes, antes disso seria perpetuar resquícios de insindicabilidade administrativa, alimentando a consequente desprotecção da legalidade, atitudes totalmente contrárias ao espírito constitucional neste domínio.[168] Além de que, em termos de actuação jurisdicional administrativa, os juízes demonstram constantemente uma "autocontenção judicial"[169], o que pouca margem deixa para que o fenómeno do activismo se instale, sendo que um dos receios que se pode ter, em relação com o CPTA e os poderes de condenação e substituição que este oferece, é que os juízes administrativos permaneçam confinados a uma actuação demasiado limitativa do passado e não arranquem em direcção a um nível aprofundado de actuação e intervenção como é procurado com o novo código.

A auxiliar esta defesa de que o activismo judicial não é um problema que, ao menos por ora, pareça oportuno colo-

---

[168] Raciocínio próximo do de Miguel Beltran de Felipe, *ob cit*, página 453.
[169] Expressão de Bernardo Diniz de Ayala, *ob cit,* página 116.

car está a existência de um claro e nítido limite à análise do juiz, **a discricionariedade**. A discricionariedade surge como limite essencial à reconfiguração do poder judicial.

A concepção de que existe uma reserva de administração, um espaço próprio que condiciona a interdependência de poderes surge como a impressão digital da Administração. Mas mais uma vez o problema não pode ser avaliado apenas por esta verificação já que o facto de existir esse espaço reservado ao ente público não implica ser esse um limite absoluto capaz de perspectivar casos de arbitrariedade. Precisamente porque este risco da arbitrariedade é real, o controlo judicial expande-se para abranger cada vez mais aqueles espaços discricionários mas que apresentam ainda assim certos elementos vinculados.

GÓMEZ PUENTE[170] refere controlo da discricionariedade funcional onde a divulgação dos padrões de conduta pela lei em muito auxiliariam o controlo jurisdicional, mas normalmente apela-se à ideia de que "no âmbito da discricionariedade, o controlo judicial não incide sobre o uso do poder, mas diferentemente, sobre o conteúdo do exercício do poder administrativo, isto é, sobre o modo como vem exercitado."[171] Esta afirmação revela a existência de um poder de controlo negativo em termos de avaliação da objectividade e da ausência de arbitrariedade, sendo que não se deve tomar como motivo de escândalo que os juízes "exijam em primeiro plano uma motivação suficiente das razões que determinaram a Administração a eleger uma situação con-

---

[170] Marcos Gómez Puente, *ob cit*, página 105.
[171] Luís Filipe Colaço Antunes, *Para um contencioso administrativo de garantia* in Para um Direito Administrativo de garantia do cidadão e da Administração, página 98.

creta e a preferir essa às outras soluções possíveis. Acaso poderia pedir-se menos a um governante ou a um administrador do século XX?"[172], mas que poderia também aplicar--se ao século XXI.

Toda esta busca de reconstrução e adaptação surge como reflexo da necessidade de reconfigurar o princípio da separação de poderes no que toca ao relacionamento complexo existente entre o poder judicial e o poder executivo, porque o pretendido é modernizar o Direito Administrativo, procurando fazer emergir um sistema onde as exigências do mundo actual são satisfeitas.

"O caminho a seguir não é a panconsensualização da Administração [...] ou a panlegalização do agir administrativo, mas o aprofundamento do controlo jurisdicional do princípio originante da especialidade do direito administrativo – a discricionariedade."[173]

Os passos a serem dados devem-no ser em direcção à aceitação de que controlar não é uma ameaça à actividade administrativa, mas antes e fundamentalmente, uma condição para alcançar o patamar da boa administração, um patamar onde a Administração Pública surge com funções de protectora dos direitos e interesses dos particulares e vigilante do interesse público. O controlo jurisdicional da actividade administrativa deverá ser encarado, pois, como uma prerrogativa necessária e imprescindível para alcançar o estado óptimo administrativo.

O palco já existe, apenas faltam as luzes e os actores. Veremos.

---

[172] Tomás R. Fernández, *loc cit*, página 525. Tradução nossa.
[173] Luís Filipe Colaço Antunes, *ob cit*, página 93.

PALAVRAS FINAIS

1. O pedido de condenação à prática de acto devido surge como um instituto que oferece a protecção jurídica ao particular que tem um direito ou interesse legalmente protegido à emissão de acto administrativo quando a Administração face ao requerimento ofereceu o silêncio, a recusa da pretensão ou a recusa de apreciação de requerimento;

2. O porquê do nascimento prende-se com a verificação de que o contencioso administrativo de anulação é insuficiente para fazer face às necessidades reais da vida em sociedade;

3. A Administração Prestadora conjugada com novas e prementes exigências dos direitos dos particulares revelam que a mera anulação não basta, já que há necessidade de actos subsequentes para a efectiva concretização dos direitos;

4. A importância dos ganhos de tempo na defesa dos particulares reflecte igualmente a imprescindibilidade de abandonar um sistema de justiça administrativa fundado em sucessivos degraus incompatíveis entre si;

5. O princípio da tutela jurisdicional efectiva, enquanto corolário do Estado de Direito, no entendimento que lhe foi encontrado sobretudo no período pós-Guerra, revela-se essencial na construção de um contencioso administrativo que admite os poderes de condenação à prática de acto legalmente devido;

6. A percepção de que a condenação à prática de acto legalmente devido se assume como essencial para a justiça administrativa apresenta-se também como reflexo da mudança de paradigma do Direito Administrativo, visto abandonar-se a exclusividade do acto administrativo para se reconhecer a importância central do dinamismo da relação jurídica administrativa;

7. O nascimento da figura dá-se através de um parto a três contracções: à concepção ideológica segue-se a exigência constitucional e finalmente a concretização legal;

8. A concepção ideológica parte da consciencialização da insuficiência do contencioso de mera anulação e da influência de experiências estrangeiras na área dos poderes de condenação;

9. Papel preponderante assume a *Verpflichtungsklage*, tomada enquanto "mãe biológica" do pedido de condenação à prática de acto administrativo devido. Todavia, não obstante a raiz ser a mesma, a consagração portuguesa diferencia-se fundamentalmente pela nítida delimitação das funções entre o pedido de impugnação e o pedido de condenação e, daí, pela impossibilidade de sobreposição das figuras;

10. Além da figura alemã, observa-se em sede de direito comparado a existência de experiências de alguma forma semelhantes, como é o caso do poder de injunção francês, da *prohibition* e do *mandamus* ingleses, o *mandado de segurança* e o *mandado de injunção* brasileiros e o recurso de inactividade espanhol, bem como o poder de substituição italiano;

11. O nascimento constitucional dá-se expressamente em 1997, apesar de, em 1989, já se ter indiciado com o artigo 268.°, n.° 4 da Lei Fundamental ao estabelecer a determinação da prática de actos administrativos legalmente devido como exigência clara da tutela jurisdicional efectiva;

12. Apesar de doutrina defender a aplicação directa do preceito constitucional através dos meios jurisdicionais do contencioso administrativo de então, a sua concretização legal expressa permanecia como exigência constitucional por satisfazer;

13. A concretização legal expressa apresentou-se com o novo Código do Processo nos Tribunais Administrativos, em 2002. Porém, anteriormente pode-se afirmar a existência de antecedentes como o poder de declaração judicial dos actos devidos conforme jurisprudência do Supremo Tribunal Administrativo na década de 30, o Decreto-Lei n.° 256-A/77, com o regime de execução de sentenças, a Lei de Processo nos Tribunais Administrativos e a intimação para comportamento, bem como o Decreto-Lei n.° 555/99, com os regimes jurídicos do licenciamento municipal de loteamentos urbanos, obras de urbanização e obras particulares;

14. A determinação da prática de acto administrativo legalmente devido surge como pedido de condenação à prática de acto legalmente devido da acção administrativa especial;

15. O objecto do processo identifica-se com a pretensão do particular que se assume como o reconhecimento de direito ou interesse legalmente protegido dirigido à emissão de acto legalmente devido;

16. Defender os direitos e interesses legalmente protegidos dos particulares é a função nuclear da figura. Acresce ainda a função pedagógica como forma de forçar a mudança de mentalidade na Administração Pública em torno da ideia de administrar bem porque o deve;

17. Apresentam-se distintas as funções do pedido de impugnação e do pedido de condenação à prática de acto devido. Enquanto o primeiro surge como instrumento de defesa da legalidade por excelência e dos direitos dos particulares que se bastem com a mera anulação do acto ilegal, o segundo assume-se como o meio central de defesa dos direitos e interesses protegidos dos particulares que necessitam de actos posteriores à anulação e que se vêem confrontados com a omissão administrativa;

18. Porque se privilegia esta função e porque a pronúncia condenatória retira da ordem jurídica todos os efeitos de um acto de recusa, há que salvaguardar a posição do instrumento e utilizá-lo em todas as ocasiões em que o particular necessite mais do que uma mera anulação e se esteja perante uma omissão, recusa expressa ou recusa de apreciação de requerimento;

19. Para satisfazer todas as necessidades dos particulares e garantir os seus direitos e interesses deve-se tomar o conceito de recusa como um conceito lato que abrange tanto o indeferimento expresso como o caso da prática de acto administrativo que não satisfaz, total ou parcialmente, a pretensão do particular;

20. A cumulação do pedido de impugnação com o pedido de condenação à prática de acto devido só será necessária quando se trate de situação complexa em que não haja coincidência exacta e perfeita entre o acto praticado e o acto desejado;

21. Em sede de cumulação de pedidos assume assaz importância a possibilidade de cumular o pedido de condenação à prática de acto devido com o pedido de condenação da Administração à reparação dos danos resultantes da actuação ou omissão administrativas ilegais;

22. A propositura de uma acção com o pedido de condenação à prática de acto legalmente devido surge como consequência de uma situação em que à Administração incumbe um dever de agir que é incumprido, após o particular apresentar requerimento exigindo a prática do acto, através de omissão, recusa ou recusa de apreciação do requerimento;

23. Existirá um dever de praticar um acto administrativo quando o dever de agir genericamente previsto no artigo 9.º do CPA for "jurisdificado". Essa "jurisdificação" advém do reconhecimento da existência na ordem jurídica de uma obrigação administrativa de actuar ou de uma faculdade de actuar derivada de um poder funcional, ambas retiradas da lei ou da autovinculação administrativa e, bem assim, da existência de um direito ou interesse legalmente protegido retirado da norma jurídica para os particulares;

24. O núcleo dos actos em virtude dos quais se recorrerá ao pedido de condenação para prática de acto devido será o dos actos administrativos decorrentes, nomeadamente, da Administração Constitutiva enquanto símbolo da Administração Prestadora;

25. Atendendo à *ratio* e à função do pedido de condenação, deverá alargar-se o âmbito dos actos sobre os quais incide a análise aos actos administrativos símbolo da Administração Agressiva, se houver necessidade para contrariar a incerteza e a insegurança jurídicas;

26. No artigo 67.º do CPTA, claramente se prevê como pressupostos do pedido de condenação a omissão, a recusa da prática do acto devido ou a recusa de apreciação de requerimento dirigido à prática de acto legalmente devido;

27. A omissão é construída com base no conceito de omissão pura e simples, i.e., o silêncio da Administração passa a ser tomado como mero facto constitutivo do interesse de agir em juízo;

28. O indeferimento tácito perde o valor jurídico de silêncio negativo, não existindo qualquer voz discordante na doutrina quanto à sua incorporação no conceito de omissão pura e simples;

29. Doutrinariamente discute-se o enquadramento do deferimento tácito no conceito de omissão. Parece, no entanto, que deverá ser enquadrado neste conceito em nome dos defeitos perigosos e dificilmente ultrapassáveis de tal deferimento, pela necessidade de negar a continuidade da admissão de uma Administração ociosa e pela garantia de um papel efectivo da condenação à prática de acto devido, construído como instituto que visa proteger os particulares da inércia administrativa;

30. Estaremos perante uma recusa por parte da Administração em praticar um acto administrativo quando se der um indeferimento expresso da pretensão ou, não obstante se ter praticado o acto administrativo, a satisfação da pretensão do particular não for total ou parcial;

31. A recusa de apreciação de requerimento acontece quando se dá um indeferimento liminar da apreciação do mérito da questão com base em motivos de ordem formal ou quando esse indeferimento liminar se der com base em juízos valorativos de oportunidade de decidir, quando não há possibilidade de escolha entre agir ou não agir, já que não há espaço para a discricionariedade de acção ou decisão;

32. Apesar de a lei nada estabelecer expressamente, há que admitir a possibilidade de o particular utilizar a figura do recurso hierárquico facultativo, se assim o desejar, antes de recorrer à justiça administrativa, tal como em nada se obstacula no CPTA ao facto de o legislador, em lei especial, exigir o recurso hierárquico necessário, acrescendo o número dos pressupostos exigidos;

33. Em termos de legitimidade activa, o interesse pessoal (direito subjectivo e interesse legalmente protegido) surge acompanhado pelo interesse público e pelos interesses difusos. No lado passivo, têm legitimidade a entidade incumpridora e também os contra-interessados directos;

34. No caso de se estar perante uma omissão administrativa, o particular pode utilizar o pedido de condenação à prática de acto legalmente devido no prazo de um ano a partir da cessação do prazo legal para a decisão que deverá ser de noventa dias. Se a atitude indevida por parte da Administração for a recusa, o prazo é de três meses;

35. Apesar de não se apresentar como uma solução desejável, a Administração tem, na pendência do processo, a faculdade de continuar a agir emitindo um acto administrativo, no caso de anteriormente ter omitido o acto devido.

Como reacção, o particular pode introduzir novos dados no processo para defender a sua pretensão;

36. É notório o alargamento dos poderes de pronúncia do juiz face aos seus poderes no contencioso de anulação;

37. No caso de se estar perante actuação administrativa vinculada, o juiz tem o poder/dever de indicar o conteúdo do acto a praticar. Se for uma actuação discricionária (apenas a possibilidade de discricionariedade de escolha), o juiz vê os seus poderes de pronúncia limitados – mas não excluídos – pela necessidade de respeitar o espaço próprio da actividade administrativa. Assim, neste caso o juiz apenas pode proceder à mera indicação das vinculações, afirmando as linhas orientadoras da decisão;

38. Em ambos os casos, o juiz é obrigado a proceder a uma apreciação material do caso e a Administração vê a sua conduta censurada;

39. Para se proceder a uma condenação específica é necessário que o tribunal disponha de todos os dados fácticos e jurídicos do caso concreto. Se estes não estiverem à disposição do juiz, nem por ele puderem ser apreendidos, apenas se poderá proferir uma condenação genérica. Os dados relevantes do caso concreto surgem, assim, como limites intrínsecos à sentença de condenação;

40. Com toda esta transformação dos poderes de pronúncia fica claro que a especialização dos juízes e o apoio de peritos junto do tribunal se assumem como factores de crescente preponderância;

41. A condenação da Administração à prática de acto legalmente devido não é por si só suficiente para assegurar a efectiva execução da Administração. O legislador português optou por negar a possibilidade de força executiva na fase declarativa, consagrando um sistema de arrependimento do condenado. Porém, reconhecendo a incapacidade isolada da condenação, consagrou dois institutos – a sanção pecuniária compulsória e a substituição – como meios auxiliares capazes de assegurar a efectividade do instituto;

42. A sanção pecuniária compulsória surge como meio auxiliar na fase declarativa, servindo a finalidade preventiva, forçando o cumprimento da sentença administrativa, dado que, se a execução não for feita, sobre o titular do órgão incumpridor recai o dever de pagamento de determinada quantia pecuniária por cada dia de atraso, sendo que, desse modo, tal dever impende sobre o património pessoal do titular e não sobre o erário público;

43. O poder de substituição, como poder totalmente diferenciado do poder de condenação, surge como consequência da não execução espontânea por parte da Administração. Enquadra-se no processo de execução para a prestação de factos ou de coisas e só poderá ser utilizado quando se esteja perante actos legalmente devidos com conteúdo estritamente vinculado;

44. O poder de substituição apresenta-se como um poder por força do qual e porque a Administração com o seu incumprimento da sentença alterou a natureza da relação entre os poderes executivo e judicial, desrespeitando este último, o juiz, a quem cabe a restituição do equilíbrio quebrado, se substitui à Administração valendo a sua sentença como o acto administrativo legalmente devido;

45. A consagração da substituição vem demonstrar a quebra do mito da infungibilidade da actividade administrativa;

46. O legislador apenas permite a utilização da substituição em casos de conteúdo vinculado, sendo que, nos casos em que se apresentam os actos devidos como actos com discricionariedade de escolha e a sanção pecuniária compulsória não seja suficiente e face ao silêncio do CPTA, à necessidade de protecção dos particulares nestas situações e à não adopção da substituição como o remédio igualmente aplicável, uma possível solução intermédia seria recorrer à perpetuação da figura do deferimento tácito;

47. A perpetuação do deferimento tácito seria construída através da criação de um dever para a Administração de notificar o tribunal da execução da sentença. Não tendo essa notificação sido feita, o tribunal emitiria uma sentença que valeria como título corpóreo do deferimento tácito da pretensão do particular, assegurando a este último a possibilidade de apresentar um título demonstrativo do seu direito e da regulação da sua relação jurídica administrativa. Não surge como a solução perfeita, já que apresenta todos os vícios e riscos do deferimento tácito, porém é a única que se consegue descortinar como protectora dos particulares em situações de inexecução por parte da Administração e em que estejam em causa actos com conteúdo discricionário, quando a sanção pecuniária compulsória não funciona;

48. A construção jurídica da condenação à prática de acto legalmente devido sugere uma reconfiguração do princípio da separação de poderes através da acentuação da interdependência, flexibilidade e reorganização desses poderes;

49. A reconstrução do princípio apela em concreto a uma reformulação interna e externa;

50. No plano interno, o dever de boa administração surge como elemento potenciador de revitalização. Este dever assume a função habilitadora do controlo judicial, visto que fornece os critérios de vinculação que permitem o controlo pelos tribunais, como classicamente foi sendo considerado, cabendo agora acentuá-lo, mas apresenta igualmente a função de demonstrar o dever de a Administração agir eticamente, de modo a que o corpo administrativo crie a consciência ética de que se deve administrar bem porque se deve e não porque se teme;

51. No plano externo, a intervenção reformadora recai no plano das relações entre o poder judicial e o poder executivo/administrativo. Aqui reconhece-se a (re)afirmação da função dinâmica dos juízes, através da revisão do conteúdo substantivo da função judicial e da ampliação dos seus poderes de pronúncia;

52. No quadro de reconstrução do princípio da separação de poderes, não parece surgir como real o problema do activismo judicial, atento que, face ao novo CPTA, esta figura surge como meramente potencial mas longe de possível realização efectiva. A autocontenção dos juízes portugueses e a distância do "funcionamento óptimo" da justiça administrativa, aliadas à protecção existente da discricionariedade, fazem do perigo do activismo judicial um fenómeno longínquo que não pode impedir ou dificultar os avanços na concretização dos direitos e garantias dos cidadãos perante a Administração.

BIBLIOGRAFIA UTILIZADA PARA A ELABORAÇÃO DO ESTUDO

ALMEIDA, Mário Aroso de.
- *Sensibilidade e bom senso (na determinação de actos devidos) – Acs. Do STA de 1.3.1995, P. 22 833-A, e de 2.12.1997, P. 39 281, anotados*. In Cadernos de Justiça Administrativa, Setembro/Outubro 2001, n.º 29, páginas 3 e seguintes
- *Breve introdução à reforma do contencioso administrativo*. Cadernos de Justiça Administrativa, Março/Abril, n.º 32, páginas 3 e seguintes
- *Implicações de direito substantivo da reforma do contencioso administrativo*. Cadernos de Justiça Administrativa, Julho/Agosto 2002, n.º 34, páginas 69 e seguintes
- *O novo regime do processo nos tribunais administrativo*. Coimbra: Almedina, 2003

AMARAL, Diogo Freitas do.
- *Direito Administrativo*. Volume IV. Lisboa, 1988
- *A execução das sentenças dos tribunais administrativo*. 2.ª ed. Coimbra: Almedina, 1997
- *Intervenção do Professor Diogo Freitas do Amaral*. In Reforma do Contencioso Administrativo: trabalhos preparatórios: o debate universitário. Lisboa: Ministério da Justiça 2000, V. I, páginas 41 e seguintes,
- *Considerações gerais sobre a reforma do contencioso administrativo*. In Reforma do Contencioso Administrativo: trabalhos preparatórios: o debate universitário. Lisboa: Ministério da Justiça 2000, V. I, páginas 85 e seguintes

AMARAL, Diogo Freitas do e ALMEIDA, Mário Aroso. *Grandes linhas da reforma do contencioso administrativo*. Coimbra: Almedina, 2002

AMORIM, João Pacheco. *A substituição judicial da Administração na prática de actos administrativos devidos*. In Reforma do Contencioso Administrativo: trabalhos preparatórios: o debate universitário. Lisboa: Ministério da Justiça 2000, V. I, páginas 377 e seguintes

ANDRADE, José Carlos Vieira de.
– *A justiça administrativa: lições*. Coimbra: Almedina, 1998
– *Intervenção do Professor Vieira de Andrade*. In Reforma do Contencioso Administrativo: trabalhos preparatórios: o debate universitário. Lisboa: Ministério da Justiça 2000, V. I, páginas 51 e seguintes
– *Relatório de síntese*. Cadernos de Justiça Administrativa, Julho//Agosto 2001, n.º 28, páginas 59 e seguintes

ANTUNES, Luís Filipe Colaço.
– *Para um Direito Administrativo de garantia do cidadão e da Administração: tradição e reforma*. Coimbra: Almedina, 2000
– *A reforma do contencioso administrativo: o último ano em Marienbad*.In Reforma do Contencioso Administrativo: trabalhos preparatórios: o debate universitário. Lisboa: Ministério da Justiça 2000, V. I, página 231 e seguintes
– *O Direito Administrativo e a sua justiça no início do século XXI: algumas questões*. Coimbra: Almedina, cop. 2001

AYALA, Bernardo Diniz de. *O (défice de) controlo judicial da margem de livre decisão administrativa: considerações sobre a reserva de administração, as componentes, os limites e os vícios típicos da margem de livre decisão administrativa*. Lisboa: Lex, 1995

CADILHA, Carlos Alberto Fernandes.
– *A reforma de Contencioso Administrativo: debate público (I)*. Cadernos de Justiça Administrativa, Março/Abril 2000, n.º 20, páginas 3 e seguintes
– *A reforma do Contencioso Administrativo: debate público (II)*. Cadernos de Justiça Administrativa, Maio/Junho 2000, n.º 21, páginas 3 e seguintes

- *A reforma do Contencioso Administrativo: debate público (III)*. Cadernos de Justiça Administrativa, Setembro/Outubro 2000, n.º 23, páginas 3 e seguintes
- *O silêncio administrativo*. Cadernos de Justiça Administrativa, Julho/Agosto 2001, n.º 28, páginas 22 e seguintes

CASTRO JR., Osvaldo Agripino de. *A democratização do poder judiciário*. Porto Alegre: Sérgio António Fabris Editor, 1998

CAUPERS, João.
- *Direito Administrativo : guia de estudo*. 3.ª ed. Lisboa: Editorial Notícias, 1998
- *Imposições à Administração Pública*. Cadernos de Justiça Administrativa, Julho/Agosto 1999, n.º 16, páginas 49 e seguintes
- *Introdução ao Direito Administrativo*. 7.ª ed. Lisboa: Âncora Editora, 2003

CORREIA, J. M. Sérvulo.
- *Intervenção do Professor Sérvulo Correia*. In Reforma do Contencioso Administrativo: trabalhos preparatórios: o debate universitário. Lisboa: Ministério da Justiça 2000, V. I, páginas 45 e seguintes
- *Unidade ou pluralidade de meios processuais principais no contencioso administrativo*. In Reforma do Contencioso Administrativo: trabalhos preparatórios: o debate universitário. Lisboa: Ministério da Justiça 2000, V. I, páginas 513 e seguintes

CORREIA, J. M. Sérvulo; AYALA, Bernardo Diniz de e MEDEIROS, Rui. *Estudos de Direito Processual Administrativo*. Lisboa: Lex, 2002

COSTA, António. *Intervenção do Ministro da Justiça*. In Reforma do Contencioso Administrativo: trabalhos preparatórios: o debate universitário. Lisboa: Ministério da Justiça 2000, V. I, páginas 7 e seguintes

EDLEY JR. Christopher F. *Administrative Law: rethinking judicial control of bureaucracy*. New Haven; London: Yale University Press, 1990

ENTERRÍA, Eduardo García. *Democracia, Jueces y control de la Administración*. Madrid: Civitas, 1997

FELIPE, Miguel Beltran de. *El poder de sustitucion en la ejecucion de las sentencias condenatorias de la Administración*. Madrid: Civitas: Ministerio de Justicia e Interior, 1995. (Monografias Civitas/dir. Manuel Alonso Olea)

FERNÁNDEZ, Tomás R. *Juzgar a la Administración contribuye también a administrar mejor*. Civitas. Revista Española de Derecho Administrativo, Octobre/Dicembre 1992 n.° 76, páginas 511 e seguintes

GIACOMUZZI, José Guilherme. *A moralidade administrativa e a boa-fé da Administração Pública: o conteúdo dogmático da moralidade administrativa*. São Paulo: Malheiros Editores, 2002

IBAÑEZ, Santiago J. Gonzalez-Varas. *La jurisdiccion contencioso-administrativa en Alemania*. Madrid: Civitas: Ministerio de Justicia, 1993. (Monografias Civitas/dir. Manuel Alonso Olea)

JOSÉ, Rosendo Dias. *Intervenção do Conselheiro Rosendo Dias José*. In Reforma do Contencioso Administrativo: trabalhos preparatórios: o debate universitário. Lisboa: Ministério da Justiça 2000, V. I, páginas 27 e seguintes

LIMA, Rogério Medeiros Garcia. *O Direito Administrativo e o poder judiciário*. Belo Horizonte: Del Rey, 2002

MAUGÜE, Christine. *La portée des nouveaux pouvoirs d'injuction du juge administratif*. Revue Française de Droit Administratif, Nov.-Déc. 1998, A. 14, n.° 6, páginas 1165 e seguintes

MELO, António Barbosa de. *Parâmetros constitucionais da justiça administrativa*. In Reforma do Contencioso Administrativo: trabalhos preparatórios: o debate universitário. Lisboa: Ministério da Justiça 2000, V. I, páginas 189 e seguintes

MESQUITA, Goiana. *Contencioso Administrativo: reforma versus novo paradigma*. In Reforma do Contencioso Administrativo: trabalhos preparatórios: o debate universitário. Lisboa: Ministério da Justiça 2000, V. I, páginas 223 e seguintes

MINISTÉRIO DA JUSTIÇA. *Reforma do contencioso administrativo: discussão pública: anteprojecto de Códigos de Processo nos Tribunais Administrativos: anteprojecto de Estatuto dos Tribunais Administrativos e Tributários: anteprojecto de diplomas sobre Comissões de Conciliação Administrativa*. Lisboa: Ministério da Justiça, 2000

MIRANDA, Jorge. *Os parâmetros constitucionais da reforma do contencioso administrativo*. In Reforma do Contencioso Administrativo: trabalhos preparatórios: o debate universitário. Lisboa: Ministério da Justiça 2000, V. I, páginas 283 e seguintes

MORAES, Germana de Oliveira. *Controle jurisdicional da Administração Pública*. São Paulo: Dialética, 1999

MORAND-DEVILLER, Jaqueline. *Tutela jurisdicional da legalidade administrativa e princípio da separação entre Justiça e Administração*. In Reforma do Contencioso Administrativo: trabalhos preparatórios: o debate universitário. Lisboa: Ministério da Justiça 2000, V. I, páginas 425 e seguintes

OLIVEIRA, António Cândido.
– *O "silêncio" e a "última palavra" da Administração Pública*. Cadernos de Justiça Administrativa, Janeiro/Fevereiro 2000, n.° 19, páginas 20 e seguintes
– *Apontamentos sobre a reforma do direito processual administrativo*. In Reforma do Contencioso Administrativo: trabalhos preparatórios: o debate universitário. Lisboa: Ministério da Justiça 2000, V. I, páginas 77 e seguintes

OLIVEIRA, Mário Esteves de; GONÇALVES, Pedro Costa e AMORIM, J. Pacheco de. *Código do Procedimento Administrativo : comentado*. Coimbra: Almedina, 1998

OTERO, Paulo. *O poder de substituição em Direito Administrativo – enquadramento dogmático-constitucional*. Lisboa: Lex, 1995, V. I

PÉREZ, Jesus González. *La ética en la Administración pública*. Madrid: Civitas, 2000

PÉREZ, Marta Garcia. *La ley de la jurisdicción contencioso-administrativa de 1998*. In Reforma do Contencioso Administrativo: trabalhos preparatórios: o debate universitário. Lisboa: Ministério da Justiça 2000, V. I, páginas 189 e seguintes

PINHEIRO, Rui. *Intervenção do Conselheiro Rui Pinheiro*. In Reforma do Contencioso Administrativo: trabalhos preparatórios: o debate universitário. Lisboa: Ministério da Justiça 2000, V. I, páginas 19 e seguintes

PINTO, Maria da Glória Ferreira. *As garantias de defesa jurisdicional dos particulares contra actuações do poder executivo na Alemanha*. Documentação e Direito Comparado. Lisboa: Procuradoria Geral da República, Gabinete de Documentação e Direito Comparado, 1989, n.º 27/28

PUENTE, Marcos Gómez. *La inactividad de la Administración*. Pamplona: Aranzadi, 1997

QUADROS, Fausto de. *Algumas considerações gerais sobre a reforma do contencioso administrativo. Em especial, as providências cautelares*. In Reforma do Contencioso Administrativo: trabalhos preparatórios: o debate universitário. Lisboa: Ministério da Justiça 2000, V. I, páginas 151 e seguintes

SCHENKE, Wolf-Rüdiger. *Verwaltungsprozeßrecht*. Heidelberg: C. F. Müller Verlag, 2000

SERRA, Manuel Fernando dos Santos. *Intervenção do Presidente do Supremo Tribunal Administrativo*. In Reforma do Contencioso Administrativo: trabalhos preparatórios: o debate universitário. Lisboa: Ministério da Justiça 2000, V. I, páginas 13 e seguintes

SILVA, Vasco Pereira da.
  – *Para um contencioso administrativo dos particulares: esboço de uma teoria subjectivista do recurso directo de anulação*. Coimbra: Almedina, 1997
  – *O contencioso administrativo como "Direito Constitucional concretizado" ou "ainda por concretizar"?*. Coimbra: Almedina, 1999

- *Todo o contencioso administrativo se tornou de plena jurisdição.* Cadernos de Justiça Administrativa, Julho/Agosto 2002, n.º 34, páginas 24 e seguintes
- *Vem aí a reforma do contencioso administrativo (!?).* In Reforma do Contencioso Administrativo: trabalhos preparatórios: o debate universitário. Lisboa: Ministério da Justiça 2000, V. I, páginas 59 e seguintes

SILVEIRA, João Tiago Valente Almeida da. *O deferimento tácito – esboço do regime jurídico do acto tácito positivo na sequência de pedido do particular.* Lisboa: Faculdade de Direito, 2000. Dissertação de Mestrado, apresentada na Faculdade de Direito da Universidade de Lisboa, na área de ciências jurídico-políticas (Não publicada)

SOUSA, António Francisco de. *O controlo jurisdicional da discricionariedade e das decisões de valoração e prognose.* In Reforma do Contencioso Administrativo: trabalhos reparatórios: o debate universitário. Lisboa: Ministério da Justiça 2000, V. I, páginas 315 e seguintes

SUORDEM, Fernando Paulo da Silva. *O princípio da separação de poderes e os novos movimentos sociais: a Administração Pública no Estado moderno: entre as exigências de liberdade e organização.* Coimbra: Almedina, 1995

TASSARA, Andrés Ollero. *Juzgar o decidir: el sentido de la función judicial.* Poder Judicial, Diciembre 1993, número 32, páginas 123 e seguintes

TORRES, Mário José de Araújo. *Relatório de síntese.* Cadernos de Justiça Administrativa, Julho/Agosto 2001, n.º 28, páginas 64 e seguintes

VASQUEZ, Javier Barnes (Coordinador). *La justicia administrativa en el derecho comparado.* Madrid: Civitas, 1993

ÍNDICE

PLANO DO ESTUDO 9

PALAVRAS INICIAIS 11

CAPÍTULO I
DE QUE ESTAMOS A FALAR? OS CONTORNOS INICIAIS DE UMA FIGURA INOVADORA E IMPORTANTE NO CONTENCIOSO ADMINISTRATIVO PORTUGUÊS. APRESENTAÇÃO DA FIGURA

A. O QUE É A CONDENAÇÃO PARA A PRÁTICA DE ACTO DEVIDO? 15

B. PORQUE SE AFIRMA A NOVIDADE E A IMPORTÂNCIA DA FIGURA? 17

CAPÍTULO II
CONSTRUÇÃO DE UM QUADRO DOGMÁTICO PARA O PEDIDO DE CONDENAÇÃO À PRÁTICA DE ACTO DEVIDO

A. GÉNESE DA FIGURA: A CONCEPÇÃO IDEOLÓGICA, O NASCIMENTO CONSTITUCIONAL E A AFIRMAÇÃO LEGAL 27
   1. A concepção ideológica 27
   2. O nascimento constitucional 37
   3. A afirmação legal 43

B. O RETRATO LEGAL DO PEDIDO DE CONDENAÇÃO À PRÁTICA DE ACTO DEVIDO 53
   1. Forma do pedido da acção administrativa especial 53
   2. Objecto do processo 56
   3. Requisitos 66
      3.1. Situação em que se suscita a utilização da figura 66

3.2. Análise dos requisitos 68
   I) Quando existe um dever de a Administração praticar um acto administrativo? 68
   II) Quando existe omissão por parte da Administração? 72
   III) Quando existe recusa por parte da Administração? 79
   IV) Quando existe recusa de apreciação do requerimento? 80
4. Intervenientes no processo. A legitimidade 84
   4.1. Legitimidade activa: o interesse pessoal, o interesse público e os interesses difusos 84
   4.2. Legitimidade passiva: a entidade incumpridora e os contra-interessados 86
5. Prazos para accionar a acção 88
6. Poderes da Administração na pendência do processo: a possibilidade de continuar a agir durante a acção 90
7. Poderes de pronúncia do juiz 93
8. Efectividade da figura? 101
   I) Auxílio na fase declarativa: a sanção pecuniária compulsória 103
   II) Auxílio na fase executiva: o poder de substituição 104

CAPÍTULO III
PROBLEMAS JURÍDICOS SUSCITADOS PELA CONDENAÇÃO À PRÁTICA DE ACTO DEVIDO: REFLEXÃO SOBRE O PRINCÍPIO DA SEPARAÇÃO DE PODERES APLICADO À FIGURA

A. NECESSIDADE DE REFORMULAÇÃO DO PRINCÍPIO DA SEPARAÇÃO DE PODERES: A NOÇÃO DE INTERDEPENDÊNCIA NA RELAÇÃO PODER EXECUTIVO/PODER JUDICIAL. A CONCRETIZAÇÃO DO ESTADO SOCIAL DEMOCRÁTICO 115

B. UM NOVO TIPO DE ADMINISTRAÇÃO: ADMINISTRAÇÃO ACTIVA E CUMPRIDORA 121
   – A intervenção no plano interno administrativo 121

C. UM NOVO TIPO DE JUIZ ADMINISTRATIVO: A (RE)CONFIGURAÇÃO DOS PODERES DE CONTROLO 127
   – A intervenção reformadora no plano externo das relações entre o poder judicial e o poder executivo/administrativo 127

PALAVRAS FINAIS 137

BIBLIOGRAFIA UTILIZADA PARA A ELABORAÇÃO DO ESTUDO 149